내 목회의 징검다리

내 목회의 징검다리

2025년 12월 23일 초판 1쇄 펴냄

저　자　　　전병금
발행인　　　김영호
발행처　　　도서출판 동연
등　록　　　제1-1383호(1992. 6. 12.)
주　소　　　(03962) 서울시 마포구 월드컵로 163-3
전화/팩스　　(02)335-2630 / (02)335-2640
이메일　　　yh4321@gmail.com
인스타그램　instagram.com/dongyeon_press

ISBN 978-89-6447-995-7 93150

The stepping stone's toward kingdom of God

내 목회의
징검다리

• 전병금 지음 •

동연

머리말

나는 신학 수업을 마친 후 「교회연합신보」(現 「기독교신문」)에서 잠시 근무하다가 강원도 구만리교회에서 목회를 시작하였다. 이후 4년간 군종 목사로 사역하였고, 교단 본부에서 잠시 일한 뒤, 본격적인 목회의 여정은 경기노회 도농교회에서 4년 그리고 마지막으로 강남교회에서 37년 동안을 섬기며 마무리하였다.

이처럼 걸어온 길을 돌아보니, 모두 합하여 만 45년이라는 시간이 흘렀다. 결코 짧지 않은 세월이었으나, 뒤돌아보면 참으로 순식간에 지나가 버린 듯하다. 그 긴 세월이 이토록 짧게 느껴지는 이유는, 부족한 나를 하나님께 맡기고 그분의 인도하심에 순종하며 걸어온 길이었기 때문일 것이다.

칼 바르트는 "목회자는 늘 신선함과 놀라움을 경험해야 한다"고 말했다. 만일 그 신선함과 놀라움이 사라진다면 목사는 차라리 다른 일을 해야 한다고 했다. 아무리 큰 교회를 섬기고, 명설교를 할 수 있는 능력이 있다 한들 마음에 새로움과 경이로움이 없다면, 그 목회는 이미 병들어 있는 것과 다르지 않을 것이다.

목회자에게 그 신선함과 놀라움의 근원은 교회의 부흥이나 외적 성취가 아니라 오직 예수 그리스도이시다. 나에게도 그 감격은 늘 죄인 된 내가 용서받고 선택받아 쓰임 받는다는 사실에서 비롯되었다. 주님은 언제나 내가 기도한 것보다 더 풍성히 채워주셨고, 언제나 나와 동행해 주셨다.

이 책에는 그러한 은혜 속에서 얻게 된 지혜와 능력 그리고 부족함으로 인해 겪었던 실수들까지 솔직히 담았다. 목회의 후배들에게 작은 도움이 되기를 바라는 마음으로 글을 엮었으며, 혹여 이 글이 나의 자랑처럼 비친다면 오해 없기를 바란다. 오직 하나님의 은혜를 증거하기 위한 기록일 뿐임을 고백한다.

이 책을 쓰게 된 데에는 아내의 조언이 큰 힘이 되었다. "당신의 목회에서 있었던 기쁨과 어려움을 글로 남겨 후배들에게 도움이 되면 좋겠다"는 말에 용기를 얻어 이 책을 내게 되었다. 내 평생의 동반자로 60여 년 동안 한결같이 곁을 지켜준 아내에게 항상 감사한 마음이다.

우리 내외가 은퇴 후 서울을 떠나 영종신도시로 이사를 왔을 때, 큰딸 숙정이는 우리와 가까이 살기 위해 강일동의 집을 전세로 내놓고 이곳으로 와 주었다. 두 손녀를 위해 서울에 있어야 하는 형편이었음에도, 매일 오고 가며 우리를 외롭지 않게 해 주었다. 큰사위 이상보 집사는 출퇴근 시간이 몇 배나 더 걸리게 되었지만

기꺼이 감당해 주었고, 오히려 이곳에서 낚시를 할 수 있어 얼마나 좋은지 모르겠다고 말해 주었다.

대구 수석교회의 최우진 목사님과 둘째 혜련이는 원고를 정리하는 데 큰 도움을 주었고, 손주 승우는 컴퓨터 작업을 도와주었으며, 막내 혜선이는 늘 기도해 주면서 안부로 부모를 챙겨 주었다. 사위인 양성현 집사와 김석중 집사 그리고 사랑하는 손주들 하은, 시은, 승주, 지우, 은우에게도 고마움을 전한다. 어느 것 하나 은혜가 아닌 것이 없다.

이번 책을 기쁘게 출판해 주신 동연출판사 김영호 대표님과 직원분들께 감사드리며, 이 책을 통해 하나님께서 내 삶에 부어 주신 은혜가 나누어지기를 바란다. 앞으로도 주님께서 우리의 걸음을 인도하시고 동행해 주시기를 간절히 소망한다.

2025년 가을
영종도 자택에서
저자 전병금

전병금 목사의 약력

1944년 군산 옥구 출생

학력 및 경력

한신대 신학과(신학사)
고려대학교 경영대학원(경영학석사)
아세아연합신학연구원 · 미국 훌러신학교
　목회학박사 공동 학위 과정 수료
영국 셀리옥대학 선교학 과정 수료
한신대 명예 신학박사

총회 총회장. 선교교육위원장. 장기발전기획위원장.
　한신대신학생전액장학금운동본부 대표회장.
한국장로교총연합회 대표회장. 연합과일치위원장.
한국기독교교회협의회(NCCK) 실행위원(25년).
　선교위원장 · 일치위원장 · 환경위원장 · 언론위원장 ·
　한국교회연구원 원장 · 연합운동특별위원장.
한국교회 연합운동준비위원장. 한국교회부활절연합예배준비위원장.

한국기독교목회자협의회 대표회장. 한국교회부활절연합예배 대회장.
CBS방송 재단 이사장 · 재단 이사(8년)
사회복지법인 생명의 전화 이사장. 한국생명의 전화 전국연맹 회장.
사단법인 지구촌구호개발연대 이사장
강남교회 원로목사

상훈

좋은영향 대상(2009. 9. 동북아우의연맹. FAFA)
자랑스런 군산중고인상(1999. 5. 군산중고총동창회)
한국교회 연합과일치상(2012. 9. 한국교회복음단체총연합회)
한신상(2016. 4. 한신대학교)

차례

Chapter 4 ┃ 군종 장교 사역

Chapter 5 ┃ 도농교회 사역의 언저리

Chapter 7 ㅣ 한국교회 섬김의 낙수

Chapter 1

우리 집안이
신앙으로 입문

우리 온 집안이
함께 신앙하는 기쁨을 누리게 되었다

　내가 초등학교 5학년으로 올라가는 해의 1월 2일 주일, 그날을 기해 아버지를 비롯한 어머니, 형님과 두 동생이 함께 우리 온 식구가 마을의 작은 교회에 나가게 되었다. 그날은 우리 가정에게 하나님의 구원이 이른 날이기에 너무 감사하고 기쁜 날이다. 하나님과 함께한 그날부터 행복했던 나날을 보내며 지금까지 순식간에 지나온 것 같다.

　우리 집은 그리 잘사는 편은 아니었지만, 배곯는 집도 아니었다. 아버지가 열심으로 농사를 지어 먹고사는 정도는 되었다. 그러나 집안이 윤택해 이것저것 먹고 싶은 것을 먹는다든지, 여유가 있어 무슨 취미 활동이나 놀이를 할 수 있는 것은 아니었다. 중고등학교를 다닐 때도 12km쯤 되는 거리였는데, 다른 아이들은 기차로 통학했지만 나는 도보로 다니는 것이 자연스러운 일이었다. 우리 집에서는 기차로 통학하는 것도 좀 사치스러운 일이었고 먹고 사는 것 외에는 좀 사치스럽게 생각하는 형편이었다.

우리가 다니는 교회에서 목사님과 장로님의 사이가 불편하여 분쟁이 계속되다가 결국 목사님이 교회를 떠나기로 결정되었는데, 목사님이 가실 교회가 아직 없어 어찌할 바를 모를 때 아버지가 "우리 집에 목사님을 모셔 오기로 했다"고 말씀하시는 것이 아닌가. 그때 우리 집은 겨우 방이 두 개밖에 없는 오막살이집에 불과했고, 우리 식구가 여섯 명 그리고 목사님의 식구가 네 명이었다. 큰 방은 목사님께 드리고, 윗방은 우리가 살게 된다는 것이다. 그때 우리 부모님은 교회와 목사님을 위하는 일이라면 생명도 아까워하지 않는 분들이었다.

바울 사도가 로마교회에 편지하면서 "그들은 내 목숨을 위하여 자기들의 목까지도 내놓았나니 나뿐 아니라 이방인의 모든 교회도 그들에게 감사하느니라"(롬 16:4) 하였다. 이들은 신약성서에서 가장 아름다운 부부 브리스길라와 아굴라이다. 이들은 바울이 제2차 전도여행 중 고린도에서 만난 성도들인데, 바울의 선교여행에서 큰 도움을 준 부부였다.

이들은 바울이 고린도에서 교회를 세우며 선교할 때 그들의 집을 숙소를 제공하고, 천막공으로서 생업을 함께 하였다. 또한 바울이 고린도를 떠나 다른 도시로 옮기며 계속했던 개척 선교도 함께하며, 집을 개방하여 교회로 사용하게 하였다. 바울의 선교에 없어서는 안 될 성도들이었다. 바울은 로마교회에 이들이 로마로 이주하여 살게 됐으니 자신을 선대해 달라고 간곡히 부탁하였다.

목사님이 교회에서 쫓겨나 가실 곳이 없을 때 우리 부모님은 우리 집에 모시고 같이 살겠다고 하셨다. 우리 형제들은 불편할 것을 생각하지 않고 '우리 부모님이 얼마나 자랑스러운가' 하며 하나님께 감사드렸다. 부모님이 얼마나 고마운지 또한 얼마나 자랑스러운지 몰랐다.

그래서 지금 나는 감히 우리 부모님의 믿음을 브리스길라와 아굴라 같은 믿음이라고 생각하며 하나님께 감사드린다. 그때 그 목사님이 정도선 목사님이었는데, 이분은 감리교의 목사로 우리 고향 교회에서 목회하셨다.

하지만 목사님은 오시기로 한 날 며칠 전에 다른 교회의 청빙을 받고 떠나게 되었고, 우리는 목사님이 집에 오시기를 고대하고 있었기에 아쉬웠다. 아무튼 우리 식구들은 예수를 믿고 하나님께 영광을 돌리는 것을 최고의 영광으로 삼는 행복을 누리면서 살았다.

Chapter 2

신학 졸업에서
목회, 현장까지

목회의 길에 대한 회의가
내 앞을 가로막고 있었다

한국신학대학 4학년이 되면서, 동급생들은 대학원 진학을 준비했지만, 나는 오히려 목회에 대해 근본적인 회의에 빠져들었다.

"내가 과연 주의 종이 되어 평생 성도들을 섬기며 살아갈 수 있을까?"

그것은 내 성미에도 맞지 않을 뿐 아니라 감당할 실력도, 자신도 없다는 생각이 들었다. 목회를 잘할 능력과 소명에 대한 확신이 부족한 채 교회를 맡는 것은 하나님께 영광을 돌리기보다 오히려 누가 될 것이라 여겨졌다. 성도들에게도 짐이 되고 고통만 안길 것 같아, 신학교를 졸업하면 다른 길을 찾아야겠다고 결심했다.

졸업반이 되자 나의 미래에 대한 고민은 더 깊어졌다. 지금까지의 삶은 거의 교회 안에서 자라며 신앙 안에서 몸부림치던 시간이었다. 이제 와서 다른 길을 가보려니 막막하고 한심하기까지 했다. 신학 공부도 그리 성실히 하지 못했지만, 다른 분야에서는 더더욱 준비된 것이 없었다. 무엇을 어떻게 해야 할지 알 수 없었다.

그때 문득 떠오른 성경의 한 장면이 있었다. 누가복음 16장 1-13절에 나오는 '불의한 청지기'의 비유였다. 주인의 재산을 낭비한 청지기가 문책을 받자 그는 스스로 탄식한다.

"이제부터는 무엇을 해야 한단 말인가. 땅을 파서 먹자니 힘이 없고, 빌어먹자니 부끄럽구나."

그 절박한 심정이 바로 나의 마음이었다. 나 역시 장래를 두고 깊은 고민에 빠진 '불의한 청지기'와 같았다.

그러나 신학교에서만 공부한 나로서는 다른 길을 가기도 쉽지 않았다. 다른 대학으로 옮길 형편도 아니었고, 가정의 경제적 여건 역시 넉넉하지 않았다.

그렇다고 교회를 떠나려는 것은 아니었다. 단지 '목회자'라는 자리를 내려놓고, 평신도로서 교회를 섬기며 목회자들을 돕는 길을 찾고자 했다. 그 길이 무엇일까를 곰곰이 생각하던 중 한 가지 새로운 방향이 떠올랐다.

그 시절 세상에서 가장 주목받는 학문은 '경영학'(Business Administration)이었다. 특히 미국 하버드대학교 경영대학원(MBA)

졸업생들은 고액 연봉을 받는다는 이야기가 회자되던 때였다.
1967년 한국 사회는 도시화와 산업화의 물결이 한창이었고, 기업
경영에 대한 관심이 폭발적으로 높아지던 시기였다.

'그래, 이 길이다.'

나는 경영학을 공부하기로 마음먹었다. 학사 편입과 대학원
진학 사이에서 고민하다가, 경영대학원에 바로 진학하기로 결심
했다. 그 무렵 우리나라에는 서울대, 고려대, 연세대 세 곳에
경영대학원이 있었는데, 그중 고려대학교가 가장 먼저 제도를
도입하고 산학협력을 통해 경제 발전에 공헌하고 있다는 소식을
들었다.

경영대학원은 석사과정과 연구생과정으로 나뉘었는데, 나는
그중 석사과정에서 '인사관리'(Personnel Management)를 전공
하기로 했다. 1968년 9월, 나는 고려대학교 경영대학원 제10회
석사과정에 입학하였다.

그곳에는 고려대 출신이 절반가량이었고, 나머지는 타 대학
출신의 수재들이었다. 우리는 한국의 기업을 어떻게 성장시키고
국가 경제를 도약시킬 수 있을지를 두고 열정적으로 토론했다.
대학원 수업은 대부분 실제 사례를 중심으로 한 '케이스 스터
디'(Case Study) 방식으로 진행되었고, 교수진과 학생들 모두

'한국의 하버드 경영대학원'을 자부심으로 여겼다.

　신학이 사변적 학문이라면, 경영학은 현실 세계의 문제를 다루는 실천적 학문이었다. 덕분에 공부가 한결 흥미로웠고, 2년 동안은 누구보다 열심히 학문에 매진할 수 있었다.

　나는 "기업경영에 있어서 인사고과에 대한 연구"라는 논문으로 석사학위를 받았다. 연구의 핵심은 "어떻게 하면 직원들이 일에 대한 의욕을 가지고 성과를 낼 수 있는가"였다. 이 연구는 비록 기업 현장에서 직접 활용할 기회는 없었지만, 훗날 목회 현장에서 큰 도움이 되었다.

　교회 역시 하나의 공동체이며, 성도들이 각자의 자리에서 헌신과 기쁨으로 섬길 수 있도록 동기를 부여해야 하기 때문이다. 돌이켜보면 그때의 경영학 공부는 단순한 우회로가 아니라 하나님께서 내게 '사람을 이해하는 눈'을 훈련시키신 시간이었다.

　인생의 방향을 정할 때 우리는 종종 막다른 길에 서 있다고 느낀다. 그러나 하나님은 때로 우리를 돌아가게 함으로써 더 깊은 깨달음의 길로 이끄신다.

　신학의 길에서 경영학의 길로 돌아섰던 그 시절, 나는 단순히 진로를 바꾼 것이 아니라 '사람을 세우는 목회'를 준비하는 우회로를 걷고 있었음을 뒤늦게 깨달았다.

　하나님은 헛된 길을 허락하지 않으신다. 믿음의 사람은 돌아서더라도 결국 그분이 정하신 길 위로 나아가게 된다.

「교회연합신보」(現「기독교신문」)에 입사

고려대학교 경영대학원에서 경영학 석사과정을 마치고 직장을 구했으나, 그것이 그렇게 간단한 일은 아니었다. 가장 큰 문제는 아직 군 복무를 마치지 않았다는 점이었다. 신학교 2학년 때 국방부에서 실시한 군종 장교 시험에 합격하여, 1971년에 목사 안수를 받고 군종 장교로 입대해야 하는 '군종 장교 요원'으로 지정되어 있었기 때문이다. 그 결과 나는 당시 '군 미필자' 신분이었다. 대학에서 학사 학위를 받은 사람이라면 회사에 입사해 일정 기간 근무하다가 입대할 수도 있었지만, 석사학위자를 채용하는 경우는 매우 드물었다. 가정을 이미 꾸린 나로서는 생계를 책임져야 했기에 상황이 더욱 막막했다.

그 무렵 나는 우리 교단 총회 총무이신 이영민 목사님께 교계 기관의 일자리를 부탁드리게 되었다. 이 목사님은 교단 안팎에서 신망이 높았고, 나를 신뢰해 주시는 분이었다.

목사님은 "한번 알아보자"고 격려해 주시더니, 며칠 후에 연락
하셨다. 교계 연합 기관 중에서도 가장 안정된 기관인 대한기독교
서회의 조선출 총무를 만나보라는 것이었다.

나는 처음 뵙는 조선출 총무님을 찾아 종로2가 종로서적센터에
있는 대한기독교서회 사무실로 갔다.

조 총무님은 과거 한신대학교를 세운 송창근 박사를 도와
김천 황금동교회에서 부목사로 섬기셨고, 이후 송 박사가 조선신
학교(現 한신대학교)를 설립할 때 교수로 함께하셨던 분이었다.

조선출 총무님은 나를 반갑게 맞이하시며 말씀하셨다.

"이번에 「교회연합신보」가 확대 개편되어 기업적으로 성장하려고
하는데, 자네가 가서 큰일을 맡게나. 한양대 김연준 총장이 재정적으
로 지원하니 잘해보게."

한양대 김연준 총장은 신앙인이자 당시 「대한일보」을 운영하
던 인물이었다. 그는 교계 신문인 「교회연합신보」을 통해 복음
선교에 기여하고자 했다. 「대한일보」은 김재준 목사를 논설위원
으로 모시고 군사정권을 향해 비판의 목소리를 냈으나, 1973년
박정희 정권의 지속적인 압력에도 굴하지 않다가 결국 폐간되고
말았다.

「교회연합신보」는 명동의 한양빌딩에서 운영되고 있었으며,

내가 부임할 때를 기점으로 주간 8면이던 신문을 24면으로 확대 개편하며 새출발을 준비하고 있었다.

사장에는 한국일보 편집국장을 지낸 강수악 씨, 편집국장에는 일산시 출신 장충협 씨, 편집부장 정우현 씨, 취재부장에는 김형기 씨, 광고부장 윤흥기 씨가 임명되었고, 나는 업무부장으로 발령받아 사업 전반과 재정을 책임지게 되었다.

처음에는 '총무국장'으로 임명될 예정이었으나, 경영진은 나의 경력이 부족하다고 판단해 "우선 업무부장으로 시작하자"고 제안했다. 나는 그것이 오히려 적당하다고 생각하고 일을 맡았다. 그러나 막상 시작해 보니 회사의 재정은 생각보다 훨씬 어려웠다.

신문을 발행하기 위해 광고 수입과 구독료, 후원금에 의존해야 했고, 인쇄비와 인건비, 관리비를 충당하기란 쉽지 않았다.

김연준 총장이 인쇄비와 임대료를 부담해 주고 있었지만, 나머지 비용은 우리 스스로 해결해야 했다. 특히 급여 지급일이 다가올 때면 사무실 전체가 긴장으로 가득했다. 나는 경영을 책임지는 입장에서 회의 때마다 무슨 보고를 해야 할지 막막했다.

결국 회사는 편법적인 방법을 고려하지 않을 수 없었다. 그때 마침 국회의원 총선을 앞두고 있었는데, 기독교 신앙을 가진 후보들을 인터뷰하고 그 지역의 교인들에게 신문을 배포하는 일을 추진하자는 의견이 나왔다. 사실상 선거 지원의 형태였다. 그 제안을 듣고 나는 깊은 갈등에 빠졌다. 신학을 공부하고, 예수의 눈으로 시대와 역사를 바라보아야 할 사람이 직장을 위해 그런 일에 손을 댈 수는 없었다. 내가 의롭고 완전한 사람은 아니지만, 하나님과 역사 앞에서 부끄러운 일은 할 수 없었다.

고심 끝에 결국 사직을 결심했다. 어렵게 얻은 직장이었고, 교단의 이영민 총무님과 대한기독교서회의 조선출 총무님께 죄송했지만, 양심을 저버릴 수는 없었다. 사직서를 내고 명동 거리를 터벅터벅 걸으며 방황하던 그날, 내 처지가 참으로 초라하고 안쓰럽게 느껴졌다. 며칠 뒤 이영민 총무님을 찾아뵙자, 목사님은 내 이야기를 들으시고 오히려 미소를 지으셨다.

"정말 잘했네. 그렇게 하면 안 되지. 하나님 앞에 부끄럽지 않게 살아야지."

그분은 이어서 말씀하셨다.

"자네 곧 군목으로 가야 하지 않나? 그 전에 시골 교회에서 목회를 한번 해보는 게 어떤가?"

그 말씀을 듣는 순간, 마음속에서 '이것이 하나님의 부르심이구나' 하는 확신이 일어났다. 그렇게 나는 세상의 길을 내려놓고 하나님께서 예비하신 길을 따라 시골 교회로의 첫 목회 길에 오르게 되었다. 돌이켜보면 인생의 길은 언제나 순탄하지 않았다.

그러나 하나님 앞에서 바르게 서려는 결단이 있었기에 방황의 시간도 헛되지 않았다. 그때 나는 비로소 깨달았다. 하나님 앞에 부끄럽지 않게 시는 것, 그것이 참된 성공의 시작이라는 사실을….

Chapter 3

구만리교회에서
처음 목회 시작

강원도 구만리교회에서
준목으로 목회 시작

큰딸 숙정이를 낳은 지 한 달 만에 삼륜차에 이삿짐을 싣고 강원도 화천군 간동면에 있는 구만리교회로 향했다. 이삿짐 차의 앞자리에서 아내와 번갈아 아기 숙정이를 품에 안고 가는 길은 험하기 짝이 없었다. 한강을 따라 춘천을 지나 소양강을 옆에 두고 북쪽으로 끝없이 달려 구만리에 도착하기까지 여섯 시간은 족히 걸렸다.

지금은 오십이 넘은 숙정이가 가까이 살며 부모를 외롭지 않게 해 주고 있지만, 그때는 갓난아기였다. 그런데도 아기는 마치 부모의 마음을 아는 듯 조용히 잠들어 있었다. 그 모습이 이 못난 아비를 위로하는 것 같았다. 나는 아내의 눈치를 살피며 그 길을 달렸다. 남편이 얼마나 무능하면 이렇게 먼 최전방까지 찌그러진 삼륜차를 타고 아내와 갓난아기를 데리고 가야 하는가.

달리는 동안 아내는 창밖을 바라보며 아무 말이 없었다. 그
침묵 속에서 나는 스스로가 부끄러워 감히 아내를 쳐다보지도
못했다. 한없이 이어지는 강줄기만 바라보며 마음속으로 탄식할
뿐이었다.

그곳에는 아는 목사님 또한 한 분도 없었다. 서울에도, 고향에
도 나를 받아줄 교회 하나 없어서 결국 이렇게 낯선 강원도 최전방
까지 오게 되었나 하는 생각이 들었다. 아내와 나는 여섯 시간을
단 한마디 말도 없이 달려가며 각자의 마음속에서 깊은 한숨을
삼켰다.

어머니 조남수 권사님은 신앙이 깊은 시골 교회 권사셨다.
어느 날 우리를 보러 고향에서 서울을 거쳐 구만리까지 오셨는데,
새벽부터 밤늦게까지 버스를 여러 번 갈아타시느라 파김치가
되어 도착하셨다. 그 먼 길을 오신 어머니는 나와 아내 그리고
갓난 손주 숙정이를 번갈아 바라보며 한없이 눈물만 흘리셨다.
그 눈물이 얼마나 따뜻하고도 서러운 위로였는지 모른다.

또 한 번은 장인 이성춘 목사님 내외분이 예고도 없이 찾아오셨
다. 아내는 결혼 당시 부모님의 강한 반대를 무릅쓰고 나를 택했기
에, 그 후로는 친정과도 거의 연락을 끊고 지냈다. 조용하고 온유하
지만 자존심이 강한 아내는 어려운 형편을 누구에게도 보이고
싶어 하지 않았다. 그런데 부모님께서 그 먼 곳을 어떻게 알고
오셨는지, 갑작스러운 방문에 우리는 어찌할 바를 몰라 당황했다.

그때 장인어른은 인자한 미소로 내 어깨를 두드리시며 말씀하셨다: "하나님의 교회는 그 어디에 있든, 아무리 작을지라도 주님이 그 피값으로 세우신 교회이기에 존귀하고 자랑스러운 곳이네." 그 말씀에 나는 가슴이 뭉클해졌다. 장인어른 앞에서 딸을 고생시킨 죄송함에 고개를 들 수 없었지만, 그 격려의 말씀이 내게는 다시 일어설 힘이 되었다. '역시 하나님의 사람은 다르구나' 하는 생각이 들었다. 아내도 부모님의 위로에 힘을 얻는 듯했고, 내 마음에도 평안이 찾아왔다.

그 후 나는 적은 수의 성도들과 함께 기도하며 전도에 힘썼다. 내가 부임하기 전에는 60여 명이 모이던 교회였으나, 화천수력발전소 직원들의 전출과 교역자 공백으로 인해 교인은 10여 명으로 줄어 있었다. 의지할 곳도, 도움을 구할 사람도 없었다. 마치 외딴섬에 홀로 유배된 사람 같았다.

그러나 하나님 외에는 의지할 이가 없었기에, 우리는 더욱 간절히 기도할 수밖에 없었다. 새벽이면 교회에 나갔고, 낮에도 틈이 나면 무릎을 꿇고 기도했다.

그때 하나님께서 내게 열왕기상 17장 말씀을 보게 하셨다. 엘리야가 아합과 이세벨의 폭정 속에서 "내 말이 없으면 수년 동안 비도 이슬도 있지 아니하리라" 선언한 뒤, 하나님께서 그를 그릿 시냇가로 인도하시고 까마귀를 통해 고기와 물을 공급하신 말씀을 읽는 순간, 내 눈이 열렸다.

'하나님께서 엘리야와 함께하셨듯, 나와도 함께하실 것이다.'

그 믿음이 생기자 나는 다시 기도와 전도에 힘쓸 수 있었다.

서울 성암교회 여신도회에서 매달 5천 원을 보내주어 교회에서 1만 5천 원과 합쳐 월 2만 원의 생활비를 충당하고 있었는데, 어느 날 성암교회의 재정이 어려워져 더 이상 보낼 수 없다는 편지가 도착했다.

그 소식을 듣고 회계집사가 걱정하는 모습을 보니 마음이 더 무거웠다. 나는 성암교회가 우리를 돕고 있다는 사실조차 몰랐기에, 그 편지를 읽고는 가슴이 덜컥 내려앉았다. 그 어떤 인간의 도움도 더 이상 기대할 수 없었다.

그러나 나는 다시 주님을 바라보았다. 신학교 4학년 때 목회의 길을 포기하려 했던 나를 붙잡으시고, 이 먼 구만리까지 인도하신 하나님이 나를 버리시지 않으리라는 믿음이 내 안에서 다시 살아났다.

기도를 마치고 집에 돌아오니 숙정이는 곤히 잠들어 있었다. 어린 딸을 보며 미안함에 가슴이 미어졌다. 부엌에서 점심을 준비하는 아내를 보니 나를 믿고 이 먼 곳까지 따라온 그 사람이 너무 고마워 눈물이 핑 돌았다. 결국 나는 밖으로 달려 나가 뒷산에 올라 하늘을 향해 소리 높여 하나님께 부르짖었다.

그날 이후, 하나님께서는 연약한 나를 통해 일하시기 시작하셨다. 성도들이 하나둘 모이기 시작했고, 마치 까마귀가 엘리야에게 먹을 것을 물어다 준 것처럼 주님께서는 다양한 방법으로 교회를 세워 가셨다.

구만리는 나로 하여금 하나님의 신실하심을 체험한 첫 목회지였고, 훗날 45년의 목회를 완주할 수 있었던 소명의 뿌리가 된 귀한 자리였다.

인생의 가장 깊은 절망의 골짜기에서야 비로소 하나님의 손길이 가장 가까이 있음을 배운다. 그 깨달음이 내 목회의 첫걸음이자 평생의 신앙의 기초가 되었다.

구만리교회 지역과 환경

구만리는 강원도 화천군 간동면에 있는 작은 마을이다. 마을 아래쪽에는 화천수력발전소가 자리하고 있는데, 이 발전소는 한국전력에서 운영하며 우리나라에 전기를 공급하는 국가 기간산업으로 경제 발전에 중요한 역할을 해 왔다. 일제강점기에 세워진 이 발전소는 당시 한국전력주식회사 소속이었으나, 지금은 한국수력원자력주식회사가 관할하고 있다.

마을 앞에는 소양강이 흐르고, 뒤로 비탈길을 오르면 파르호라는 큰 호수가 펼쳐진다. 파르호를 따라 약 10km를 가면 과거 월남전쟁에 파병될 군인들이 훈련하던 오음리가 있다. 파르호는 북한과 연결되어 있어 가끔 북한 군인의 시체가 떠내려온다는 이야기도 돌곤 했고, 낚시꾼들이 찾아오는 장소이기도 했다. 이곳은 북위 38.5도로, 6.25 전쟁 당시 남북한 군인 간 치열한 전투가 있었던 지역이기도 하다. 당시의 나는 이곳이 아름답고 수려하다

기보다는 너무 외롭고 쓸쓸하다고 생각하며, 교통이 불편해 마치 최전방 고지에 있는 듯한 느낌을 받았다.

수십 년이 지나 강남교회 청년회 여름 수련회를 구만리교회를 빌려 진행하게 되면서 다시 이곳을 찾았다. 이전에 느꼈던 먼 거리는 현대적인 도로로 단축되어 춘천을 거치지 않고도 2시간 만에 도착할 수 있었다. 교회 건물은 아름답게 지어져 있었지만, 나와 함께 교회를 섬겼던 이들은 이미 세상을 떠났고, 나를 아는 사람도 찾아볼 수 없었다. 사람의 인생이 얼마나 덧없는지, 정을 붙이고 살던 집사님들과 동네 어른들이 모두 떠난 것을 보며 마음 한편이 허전했다.

그럼에도 그곳에서의 기억은 여전히 선명하다. 김 모 집사는 찢어지게 가난했지만 예배 때마다 새벽 기도를 빠지지 않고 참석하며 오래도록 기도하던 분이었다. 우리 부부를 점심 식사에 초내해 돼지고기 한 근을 사서 가져가자, 자신들은 한 번도 사 먹어본 적 없다며 기뻐하시던 모습이 떠오른다. 그날 집사님이 대접하신 식탁에는 뭇국과 도루묵 생선이 들어간 국, 보리밥이 놓였다. 우리는 어렵게 사는 전도사였지만, 그분의 정성 어린 대접을 받으며 진심으로 감사했다. 아내는 어려운 이들에게 늘 사랑과 격려를 베풀었고, 그 덕분에 나는 냉한 성격에도 불구하고 목회자의 길을 꾸준히 걸을 수 있었다.

구만리의 성도들은 많지 않았고, 대부분이 가난했다. 연세가 있는 분들은 화전민으로 산등성을 개간해 보리와 옥수수를 농사하며 어렵게 생활했다. 그중에서도 화천수력발전소에 근무하는 유호근 집사와 초등학교 교사의 부인인 여집사는 성실하게 교회를 섬기며 부족한 교역자인 나를 잘 협력해 주어 큰 위로가 되었다. 유 집사는 회사 내 상위직이 아니었지만 동료들에게 신뢰를 받았고, 교회 성도들에게도 인정받는 충성스러운 성도였다.

　나는 아직 성숙하지 못한 크리스천, 즉 거짓과 허위로 덮여 있던 나를 발견하고 깊은 반성과 회개로 정말 거듭나는 기회를 얻게 되었다. 마치 주님께서 제자들을 데리고 마지막 십자가를 지시기 위해서 신앙을 다짐하는 전지 훈련장으로 사용하셨던 가이사랴 빌립보처럼 교회 앞을 가로지른 파르호가 있는 아름다운 구만리에서, "주는 그리스도요, 살아계신 하나님의 아들입니다"라고 고백했던 베드로처럼 나는 유 집사를 보면서 '이분은 정말 진실하고 성실한 사람이구나. 참 크리스천의 모습은 저렇게 사는 것이구나' 하고 자신을 점검하는 기회를 가지게 되었다. 나에게 있어서 구만리는, 예수가 그리스도가 된다는 고백을 새롭게 하게 되고 일평생을 목회자의 길을 걷겠다고 새롭게 결심하게 된 가이사랴 빌립보였다고 생각한다.

하마터면 총 맞을 뻔했다

구만리교회는 100m쯤 떨어진 곳에 화천수력발전소가 있는데, 그 발전소는 워낙 중요한 시설이었기에 군대가 파견되어 있었다. 그렇게 많이 배치되어 있지는 않았고 한 소대 정도였다. 그들 중에 몇이 교회에 열심히 나왔고, 예배 때마다 참석하여 교회의 여러 일에 상당히 힘이 되어 주었다. 한 사병은 교회 일에 열심히 참여하는데, 너무 심하지 않나 하는 성도들이 있을 정도였다.

내가 부임하고 2개월이 지나면서 교인들이 불어나 60~70명까지 되었다. 그곳에 발전소가 있기 때문에 고학력자들과 그들의 가족까지 이사 와서 살고 있었고, 그들 가운데 교회에 나오는 사람들도 꽤 있었으며, 몇 사람은 교회에 아주 열심이었다. 특별히 발전소 직원 부인들 가운데는 새벽 기도회까지 열심히 나오는 사람들도 있었다.

그런데 교회의 모든 일에 열심히 참여하는 사병 R이 젊은 모 집사를 졸졸 따라다니는 것이 아닌가.

그 여집사는 배움이 있는 미모의 여인이었다. 여집사의 남편은 교회에 나오지 않았고 나는 그 남편을 본 일이 없었지만, 듣기로는 착하고 성실한 사원으로 사람들에게 인정을 받는 분이고, 아내의 신앙생활에 대해서는 전혀 관계하지 않는 아내를 신뢰하는 사람이라고 했다.

그런데 사병 R은 교회에서 무슨 일이 있든 그 여집사의 옆에서 그녀를 보좌하였고 그녀의 대여섯 살 된 아들을 돌보곤 하였다. 갈수록 그 도가 심해지는 것 같아 나는 목회자로서 좀 우려가 되었다. 아내도 "너무 심한 것 아니야!" 할 정도였으니, 우리 내외는 하나님께 기도할 뿐이었다.

새벽 기도회 때도 같이 와서 나란히 앉아 예배에 참여하였으며, 예배를 마치고 각자 기도할 때도 R은 열심히 기도하다가도 그 집사의 기도가 끝나면 같이 나가곤 하는 것이다.

보통 걱정되는 것이 아니었다. 그 여집사는 신앙생활도 잘하고 교회 일에도 적극적으로 참여해서 크게 도움이 되는 분인데, 젊은 사병의 신앙을 가장한 애정 공세에 상처를 받는다면 그 집사의 가정이 받을 상처와 마을에서 이제 겨우 일어나기 시작하는 작은 교회가 받을 상처 그리고 교회 선교에 미칠 영향은 상상할 수 없이 클 것이기 때문에 나에게는 보통 일이 아니었다.

나는 이 일을 어떻게 해야 할 것인가를 가지고 고민하면서 하나님께 기도하게 되었다. 이런 일을 그냥 모르는 체하고 그냥 지나칠 일인가, 주의 책임 있는 종으로 이것을 어떻게 처리해야 옳은 일인가 고민하면서 주님께 선한 길을 열어 달라고 기도할 수밖에 없었다.

우리 교회와 그 여집사의 가정을 위해서 이렇게 기도만 해서 될까 하다가 기도는 행동이 뒤따라야 할 것이 아닌가 하여, 일단 여집사에게 사병을 만나지 말라고 하면 부끄러워 교회를 떠날 수도 있으니 먼저 그 사병에게 말하기로 마음을 먹고 권면하였다.

사병은 내 말을 듣더니, 자기는 그 집사와 그런 관계가 아니라 신앙적인 동지 관계이며, 서로 영적으로 교제하는 서로 존경하는 관계라고 변명하였다. "너는 그럴 것이다. 그러나 이 마을에 소문이 나면 그 집사님과 그 가정과 우리 교회에 미치는 영향이 크다"고 하면서 이제 만나지 말 것을 간곡히 부탁하는데도, 그는 자기는 그런 관계가 아니기 때문에 내 권면을 들을 수가 없다고 말하는 것이 아닌가. 이것 보통 문제가 아니었다.

문제는 그다음 날 새벽이었다. 새벽 예배가 끝나고 개인 기도를 한 시간쯤 했을 때, 성도들이 다 나간 뒤 사병이 나에게 "이 새끼 내 총 맛을 한번 보겠니?" 하고 소리를 치는 것이 아닌가. 눈을 떠 보니 M1 소총에 탄창까지 장착하고 총구를 내 가슴에 대고 있는 것이었다. 놀라기는 했지만 담대하게 "이 사람아! 이게 무슨 짓인가" 하면서 번개 같이 총열을 붙잡고 총을 빼앗아 낚아챘다.

순식간에 일어난 사건이었다.

내가 그렇게 대단한 총검술이나 무술을 한 것도 아닌데, 순간 하나님이 담대하게 쏜살같이 해치운 것이다. 놀랄 정도로 총을 낚아채 사병을 설득하기 시작했다.

"자네는 아직 젊지 않은가. 아기까지 둔 아줌마보다 자네의 장래가 밝네. 자네는 앞으로 잘 될거야. 포기하고 새출발하게나."

결국 마지막에는 통곡하면서 그는 식식거리며 총을 가지고 귀대하였다.

그는 아직 포기하지 않았을 거라고 생각한 나는 아침 식사를 마치고 그 부대의 상급 부대인 사단 본부의 군종 참모를 면회하여 이 사실을 고지하고 그를 멀리 다른 부대로 전보시켜 줄 것을 호소했다. 그날 저녁, 그는 즉각 먼 부대에 전보되어 그 문제는 일단락되었다. 나는 이 사실을 그 여집사에게 전혀 이야기하지 않았고, 교회는 평온을 찾게 되었다.

지금도 그때의 일을 생각하면, 햇병아리 같은 목회자였지만 교회와 그 여집사 그리고 그 사병을 잘 지킨 것이 대견하기도 하고, 하나님이 주신 지혜와 담대함으로 해결한 것이라는 생각에 하나님께 감사할 따름이다. 나는 목회자로서 평생 교회와 성도들의 가정과 삶에 도움이 되고자 생명을 다하여 맡겨진 사명을 감당하려는 선한 싸움을 싸워 왔다고 생각하며 하나님께 감사드린다. 그런 마음을 주신 분도 하나님이었고, 그렇게 살도록 인도하신 분도 하나님이었기 때문이다.

시골 교회에서 만난 좋은 청년들

구만리교회의 성도 수는 많지 않았지만, 한 주 한 주 조금씩 늘어나기 시작했다. 작은 마을이라 크게 부흥할 수는 없었지만, 동네 사람들 사이에 "좋은 전도사가 왔다"는 소문이 돌았다. 나는 스스로가 그렇게 훌륭하거나 능력 있는 전도사가 아님을 잘 알았기에, 그 소문이 신기하기만 했다. 한 달도 채 되지 않아 10여 명 남짓했던 교회에 20~30명이 모이면서 교회는 날로 힘을 얻었다.

전임 유 목사 시절에 교회는 은혜롭게 풍성했지만, 그가 속초 성암교회로 떠난 뒤에는 교세가 급격히 줄어들었다. 발전소 직원이던 신자들도 다른 곳으로 전출했고, 성도들은 10여 명만 남았다. 유 목사의 넓은 품과 소탈한 성품을 사랑했던 교인들은 매일 새벽 제단 앞에서 눈물로 새 목자를 보내달라 기도했다고 한다. 그런 교회에 부족한 나 같은 전도사가 오게 된 것이었다.

그럼에도 교인들은 나의 부족함을 탓하지 않고 잘 받아주었다.

말씀에 은혜를 받는다며 따뜻하게 대해 주는 그들의 마음 덕분에, 나는 스스로를 매일 하나님 앞에서 점검하며 사람들 앞에서도 흠이 없도록 살아야겠다고 결심하게 되었다.

그 가운데 세 명의 청년이 나와 함께 성경 공부를 시작했다. 우리는 모세의 일생을 함께 공부하며, 미디안 광야에서 부름받는 모세처럼 우리도 하나님께 쓰임 받을 수 있다는 꿈을 나누었다. 매일 함께 말씀을 묵상하면서, 청년들은 1개월도 채 되지 않아 눈에 띄게 변화하기 시작했다. 그들은 또래 친구들을 불러 모으며 함께 성경 공부에 참여하게 했고, 결국 열세 명의 청년이 모이는 청년회가 만들어졌다. 교회는 활기가 넘쳤고, 청년들이 북적이는 모습 속에서 온 교회가 힘을 얻었다.

신학교 시절 나는 문동환 교수님을 통해 기독교 교육의 위대성을 배웠다. 그분이 만든 우리 교단의 기독교 교육 시집서를 활용해 청년들과 함께 공부하며, 단순히 지식으로만 성경을 배우는 것이 아니라 '타인을 위한 삶'으로 이어지도록 지도했다. 청년들은 말씀을 실천하며 서서히 삶의 변화를 경험했다.

어느 날 큰비가 내려 마을 길이 무너지고 차도 다닐 수 없는 상황이 생기자, 청년회 열세 명이 힘을 합쳐 길을 고치고 작은 다리를 복구하는 작업을 했다. 마을 사람들은 평소 빈둥거리던 청년들이 마을을 위해 일하는 모습을 보고 칭찬했으며, 교회에 발걸음하지 않던 어른들마저 교회를 찾아오기 시작했다.

그때 나는 깨달았다. 청년들이 예수를 믿고 삶의 주인으로 받아들여 주님의 가르침대로 살아가며 이웃을 섬길 때, 그것이 교회의 미래를 든든히 세우는 초석이 된다는 사실을….

그 후 청년들 중 한 명은 튀르키예의 선교사가 되었고, 두 명은 목사, 한 명은 장로가 되었고, 나머지도 교회를 중심으로 선한 영향력을 끼치며 살고 있다. 이렇게 젊은이가 예수의 손에 붙잡히면, 그들의 삶 전체가 하나님의 손안에 있게 된다. 나는 평생 청년 선교와 양육에 마음을 쏟으며 그들의 미래를 위해 최선을 다해야겠다는 다짐을 새롭게 했다.

구만리교회에서 만난 천사 같은 사람

구만리교회에는 10여 명의 성도밖에 없었지만, 나는 45년의 목회 동안 만난 여러 훌륭한 성도 중 한 분을 이렇게 작은 교회에서 만나게 되었다. 그분은 유호근 집사로, 나보다 몇 살 위였으며 온 교회의 존경과 사랑을 받는 분이었다. 유 집사는 대구에서 고등학교를 마치고 한국전력 직원으로 화천수력발전소(일명 구만리발전소)에 근무하고 있었다.

당시 발전소에는 약 50명의 직원이 근무하고 있었는데, 유 집사는 전 직원에게 신뢰를 받았고, 교회에서는 모든 예배에 빠짐없이 참석하며 부족한 나에게도 무한한 신뢰와 격려를 보내주었다. 교회에서는 그의 가정을 위한 기도 제목이 늘 있었다.

그의 부인 송순자 집사는 임신하고 두세 달도 되지 않아 유산하는 일이 반복되었다. 유 집사는 내가 부임한 후 우리 부부에게 아기를 갖도록 기도해 달라고 부탁했다. 목회 초년생이고 신앙적

으로 부족했던 우리로서는 어떻게 기도해야 할지 깊이 고민할
수밖에 없었다. 우리 내외뿐 아니라 전 교인들이 열심으로 기도에
힘썼다.

부임 두 달째, 유 집사 내외는 만면의 미소를 띠고 사택을
방문하며 임신 소식을 전했다. 이는 우리에게 큰 기쁨과 복음과
같은 사건이었다. 하나님의 응답이었기에 우리와 전 교인들은
감사와 기쁨을 나누었다.

그 후 전 교인들이 우리의 기도를 들음으로써 큰 힘을 얻고,
교인들은 "준목님의 기도가 능력이 있다"고 말하기도 했다. 우리는
"우리가 능력이 있는 것이 아니라, 마태복음 18장 20절 말씀대로
'두세 사람이 내 이름으로 모인 곳에 나도 함께 있'는 것"이라고
설명하며, 기도의 힘과 응답을 확신하게 되었다.

그러나 임신 5개월 즈음, 유 집사가 토요일 오후 울면서 찾아왔
다. 부인이 피를 보인다는 것이었다. 아내가 유 집사 부인을 위해
기도하며 상황을 안내해 주었고, 나는 즉시 집으로 찾아가 간절히
기도했다. 다행히 일주일 후 산부인과에서 유산하지 않았다는
소식을 들었고, 송 집사는 건강하게 쌍둥이를 출산했다. 하나님은
작은 교회 성도들과 목회 초년생인 우리 부부의 기도를 들어
주시며 미래 목회에 대한 확신을 주셨다.

유 집사는 이후 춘천한강수력으로 발령받아 한전 간부가 되었
고, 성결교회의 장로가 된 후 신학교에서 공부하여 목사가 되어

평생 성결하게 목회하며 은퇴했다. 얼마 전 연락이 닿아 만났을 때, 벌써 55년이 흘러 그는 85세가 되었으며, 부인 송 집사는 이미 천국에 갔고, 쌍둥이 자녀 중 아들은 수협 간부, 딸은 목사 부인으로 훌륭히 성장하여 아버지를 모시며 살고 있었다.

우리 하나님은 이런 의인을 돌보신다는 믿음을 다시 확인하게 된다. 시편 37편 25절 말씀처럼 "내가 어려서부터 늙기까지 의인이 버림을 당하거나 그 자손이 걸식함을 보지 못하였도다." 나는 첫 목회에서 이런 의인을 만나 배울 수 있었음에 하나님께 감사드린다.

구만리교회를 떠나며 느낀 후회

첫 목회를 구만리교회에서 시작하고 7개월 만에 교회를 떠날 수밖에 없었다. 이유는 신학교 2학년 시절(1965년)에 생긴 군종 장교 후보생 제도 때문이었다. 신학을 마치고 목회 훈련을 받은 뒤 목사 안수를 받고 군종 장교로 입대하는 제도였다. 나에게는 1971년 12월 13일 군종 장교 후보생으로 입대하라는 국방부 명령이 내려졌다.

나는 한창 구만리교회에서 평생 목회할 것처럼 사역에 몰두하고 있었기에, 군목으로 입대하라는 명령은 나에게 큰 충격이었다. 성도들에게 이 소식을 전하는 것이 너무 죄송했다. 매 주일 청장년 성도가 70명 이상 모였고, 그 가운데 청년들은 거의 매일 교회에 나와 성경 공부와 교단 교육 지침서를 통해 비전너리(Visionary)가 되어 가고 있었다. 어린이들과 중고등학생들까지 모두 아침 이슬 같은 하늘의 씨앗들이었는데, 이들을 두고 떠난다는 생각은 상상조차 할 수 없었다.

특히 교인들은 부족한 나에게 신뢰와 사랑을 아낌없이 주었다. 아내는 빨리 말해야 한다고 재촉했지만, 그들이 실망할 것을 생각하면 차마 입을 떼기 어려워 몇 수가 지나도록 말하시 못했다. 나는 어쩔 수 없이 교회 앞에서 국가의 명령으로 군목으로 떠날 수밖에 없음을 사과드렸다.

교인들은 처음에는 숨죽이며 조용했지만, 곧 울음바다가 되어 버렸다. 예배가 끝나자 성도들은 아내를 붙잡고, 젊은이들은 나를 붙잡고 울면서 "왜 우리에게 사명을 불어 넣어 놓고 떠나느냐"고 눈물로 항의했다. 그날 하루로 끝나는 것이 아니었다. 교회는 밤낮을 가리지 않고 울음 속에 휩싸였고, 우리 부부는 매일 성도들의 통곡 속에서 마음이 찢기는 경험을 했다.

절정은 이삿짐을 나르는 전날이었다. 젊은이들과 중고등학생들이 사택에서 발을 동동 구르며 통곡하는 모습은 참혹할 정도였다. 삼륜차 운전사 옆자리에 앉아 서울 삼송리에 있는 처형 댁에 도착할 때까지 눈물은 멈추지 않았다. 나처럼 부족하고 목회자의 품성과 실력을 갖추지 못한 사람이 떠난다는 사실에 얼굴을 들 수 없을 정도로 부끄러웠다.

구만리교회의 성도들과 헤어지며 나는 목회자가 양 떼를 떠나는 것이 얼마나 큰 아픔인지 뼈저리게 느꼈다. 그때 아내와 나는 다짐했다.

"앞으로 목회를 어느 교회에서 하든, 떠나는 일은 없도록 하자."

그 결심은 지금도 머릿속에서 지워지지 않고 내 목회 여정의 큰 교훈으로 남아 있다.

Chapter 4

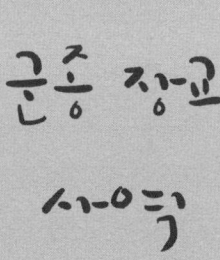

군중 장교

싸움

군종 장교로 최전방에서 만난
소중한 인연들

나는 군종 장교, 곧 군목이 되기 위해 1971년 12월 13일 논산 연무대 훈련소에 입소했다. 일곱 개 교단에서 온 33명의 또래 목사와 함께 훈련을 받았다. 참여한 교단은 예장통합, 합동, 고신, 기장, 감리, 기성, 예성 등이었고, 모두 미래가 촉망되는 젊은이들이었다.

연무대에서 6주간 사병 훈련을 받고, 광주 보병학교에서 10주간 장교 훈련을 마친 뒤, 우리는 육군 중위로 임관했다.

33명 모두 최전방 GOP 부대에 배치되어 철책선 근무를 하며 밤낮없이 북한을 향한 경계 근무를 수행했고, 장병들과 함께 희로애락을 나누는 생활을 했다.

나는 특히 철책 근무를 하는 병사들과 함께 동고동락하며 가장 고생이 많은 이들과 생활했다. 당시에는 매우 힘든 나날이었지만, 지나고 보니 내 인생에서 가장 보람 있는 시간 중 하나였다. 연대에는 세 개 대대가 있었고, 각 대대에 군목이 배치되어 철책선을 빈틈없이 지키는 역할을 했다. 다른 연대에 군목이 공석일 때는 그 빈자리를 채우면서, 나는 결국 연대 군목으로 활동하게 되었다.

그 시기는 박정희 대통령이 유신 체제를 구축하며 민주주의 제도를 정지시키던 엄혹한 시기였다. 군 당국은 군종 장교에게 유신 혁명의 당위성을 설파하도록 요구하기도 했다. 나는 조심스럽게 대응하며 신앙과 양심을 지키기 위해 최선을 다했다. 가까운 장교들에게는 유신 체제가 나라에 큰 재앙이 될 수 있음을 조심스럽게 전했지만, 그들은 군 장교로서 쉽게 이해하지 못했다.

그럼에도 불구하고 최전방에서 만나 함께 기도하며 말씀을 나눈 장교들은 신앙 안에서 내 믿음의 형제들이 되었다. 우리는 서로를 신뢰하며 예수 그리스도의 눈으로 시대와 역사를 바라보는 예수의 제자들로 성장했다. 그들은 마치 가이사랴의 백부장 고넬료처럼, 베드로를 맞이하며 "이제 우리는 주께서 당신에게 명하신 모든 것을 듣고자 하여 다 하나님 앞에 있나이다"(행 10:33)라고 고백하듯, 믿음으로 시대를 바라보았다.

그들과 함께 만든 신앙 공동체는 참으로 아름다웠다. 만약 이러한 공동체가 오랫동안 지속될 수 있다면, 이들이 각계각층에 들어가 세상을 변화시킬 수 있을 거라는 믿음이 생겼다. 나는

지금도 그때를 그리워하며 가끔 연락을 나누는데, 그들도 그 시절
과 공동체를 회상하며 "이런 공동체가 어떻게 지속될 수 있을까"를
되새기곤 한다.

연대 군목을 하면서 만난 사람들

대대 군목을 거쳐 그 대대의 상급 부대인 38연대 군목으로 자리를 옮기고, 대대에는 초임 군목들이 자리를 채웠다. 연대 군목으로 옮기니, 연대에는 교회가 있고 군종 사병도 배치되었다. 선교 활동하기에 훨씬 형편이 호전되어 복음 활동을 더 활발하게 할 수 있었다. 군종 활동을 위한 50cc 오토바이도 있고 GOP 부대 밖으로도 나갈 수 있게 되어, 아내와 큰딸도 전방으로 이사하고 복음 활동에 더 힘을 얻을 수 있게 되었다.

더욱이 군목 활동과 직접 관계가 있는 인사 주임에 라득환 소령이 있었는데, 이분은 마치 사도행전 10장 1절에 나오는 로마 군대 백부장 고넬료에 비견되는 분이었다. 고넬료는 가이사랴에 주둔하던 지휘관으로, 기도와 구제로 하나님과 이스라엘 백성들에게 인정받았고, 욥바에 있던 베드로를 초청하여 말씀을 듣고 자기뿐 아니라 가족과 군인들까지 은혜를 받아 이방 선교에 큰 역할을 했던 인물인데, 라득환 소령은 이 고넬료와 어쩌면 똑같은 장교라고 생각될 정도로 군 선교에 큰 도움이 되었던 분이다.

그는 충남 서천에서 우리 교단 교회인 신포교회에서 신앙생활을 하다가 육군 간부 후보생 출신으로 임관하였고, 그의 부인 주미선 집사도 인품과 신앙이 훌륭하여 많은 사람에게 너그러운 분으로 회자되었다. 라 소령은 후에 중령으로 진급해서 육군 본부 감찰감실에서 우리 육군의 고질적인 부정부패를 근절하는 데 큰 역할을 하였으며, 예편해 ㈜니콘카메라의 부사장으로 근무하다가, 「국민일보」 문서사업단장으로 자리를 옮긴 뒤 「국민일보」 문서 선교에 일익을 담당하였다. 지금도 교분을 가지고 있으며, 우리 교단 송암교회에서 장로로 교회를 섬기다가 은퇴하고 신앙생활을 하고 있다. 안타까운 것은 그 부인 주 권사가 몇 년 전에 먼저 하늘나라에 가서서, 외로운 라 장로를 뵐 때마다 허전하기 짝이 없다.

라 소령의 온순한 성품과 목사에 대해서 한없는 존중을 보면 아무것도 아닌 나는 몸 둘 바를 몰랐다. 그때 나는 계급으로 따지면 중위였고, 라 소령은 힘 있는 보직을 가진 우리 부대의 인사 주임이었다. 그런데도 그는 나를 천사를 대접하는 것처럼 대했고, 지휘관인 연대장과 연대 참모들 그리고 장교들을 교회에 참석할 수 있도록 안내했다. 연대 인사 주임이라는 직책은 연대장의 참모 부관 격이고 비서실장 격이기 때문에 그는 연대장을 잘 보좌하면서, 신앙으로 인도하였다. 그래서 우리 부대는 거의 모든 장교가 교회에 나왔고 병사들도 많이 참여하였다. 내가 38연 대에 부임하고 라 소령의 목회 협력에 힘을 얻어 군종 활동이 폭발적으로 부흥하게 되었다.

또 한 분은 우리 부재의 부연대장으로 오신 이진삼 중령이었는 데, 이분은 중령이지만 당시 육군에서 유명한 분이었다. 그는 HID 단장을 거쳐 보안사령부 인사과장과 8사단 노태우 연대장의 산하 대대장으로 일하고 있었는데, 1973년 4월에 박정희 대통령 이 자기의 신복 윤필용 수도경비사령관을 쿠테타의 음모가 있는 것으로 조사하면서 그의 주변의 13명의 고급 장교를 체포하게 되었다. 그때 이진삼 중령도 윤필용과 가까운 장교이며 핵심 참모 였기 때문에 한직으로 보냈다가, 체포 혹은 전역시키기 위해 대대장 도 마치지 못하고 최전방 철책선 부대 부연대장으로 전보되었던 듯했다.

그것이 우리 부대 안에 소문나 있었고, 여러 장교가 그를 경계하 는 눈치가 역력했다. 그러나 나는 개의치 않고 그를 가까이했고 교회로 인도해 신앙생활로 의연하게 어려운 현실을 극복하는 데 도움이 되려고 했다. 그는 교회에 와서 사병들을 중심으로 한 성가대의 대원으로 참여해 열심히 신앙생활에 참여하면서 그 위기를 극복하였다. 그 후 윤필용 사건도 대통령 주변 권력 다툼에서 모함으로 생긴 일이라는 것을 대통령이 알게 되면서,

그는 혐의가 풀려 육군 본부로 옮겼다가 대령으로 진급하고 후에 육군참모총장까지 지냈다. 그리고 전역 후에는 노태우 대통령 치하에서 체육부 장관도 하고, 국회의원도 되었다.

그는 진실하고 의리가 있어 한번 맺은 인연을 소중히 여겼기에, 어려울 때 최전방에서 신앙으로 맺어진 나와 평생을 함께하는 관계가 되기도 했다. 그가 육군참모총장으로 취임할 때도 나를 초청하였고, 취임식이 끝난 후 그의 참모총장실에서 안수 기도를 부탁 받아 이 나라의 국방을 잘 감당하는 참모총장이 되기를 간절히 기도해 준 바도 있다.

그 외에도 그때 작전 주임이었던 허영 소령, 정보 주임 박범무 소령도 매일같이 모여 함께 대화를 나누며 흉금을 털어놓고 신앙을 통해 나라와 민족을 위한 삶을 살기로 다짐하는 병영 생활을 하였다. 그 후 이들은 모두 장군이 되어 우리나라 국방에 큰 역할을 감당하며 우리의 안보와 국방에 이바지했다. 이들이 신앙으로 고넬료 같은 군인이 되어야겠다는 다짐을 수없이 하던 시절이 그리울 때가 많다.

나는 최전방 부대 15사단 38연대 철책선 부대에서 이렇게 귀한 분들을 만나 교분을 나누게 된 것이 하나님의 큰 축복이라고 생각한다. 하나님은 나같이 부족한 이에게 어디를 가든 좋은 이들을 만나게 함으로써, 하나님의 일을 감당하고 그 일을 통해서 하나님께 영광을 돌리게 하셨다. 세상 사람들은 그것을 인덕이 있다고 말하는데, 나는 그보다는 하나님이 내가 너무 부족하니까 적재적소에 주의 종을 배치해서 도와주셨다고 신앙적으로 해석한다. 이 모든 것을 통해 하나님께 영광을 돌린다.

철책선 부대에서 미래의 우리나라 국방의 중요한 길을 가는 사람들과 매일 만나 함께하던 시간이 나에게는 너무 소중한 군선교의 마가의 다락방 같은 성령이 폭발적인 역사가 아니었나 생각한다. 그때 부대에서는 주일날은 연대 교회에서 예배를 드리고, 오후와 주중에는 대대별로 수백 명씩 모여 1, 2, 3부에 걸쳐 예배를 드렸다. 정말 놀라운 역사로, 성령의 폭발적인 역사로 기억된다. 이 모든 것이 라득환 소령과 연대장과 연대 참모들의 협력에 의한 놀라운 역사였다. 나는 초급 장교인 중위 계급을 달고 그들과 시간을 가졌는데, 이 시간은 예루살렘교회의 유무상통하던 공동체를 방불케 하는 사건이었다.

군목으로 15사단 38연대에서
군 복음화에 전력투구하였다

1972년 3월, 나는 군종 장교로 임관하여 최전방 15사단 38연대의 철책선을 지키는 GOP 대대에 배치되었다. 본래 군종 장교는 연대급 이상의 상급 부대에서 근무하는 것이 일반적이었으나, 당시 제1군 사령관이었던 한신 장군은 "전 상병을 복음화하여 정신력을 강화하면 국가 안보의 기초가 더욱 굳건해질 것"이라는 신념을 가지고, 철책선 33개 대대에 군목을 배치하는 계획을 세웠다. 이에 따라 7개 교단에서 파송 받은 33명의 목사가 철저한 훈련을 마치고 최전방 GOP 대대에 투입되었다.

155마일에 이르는 최전방 철책선에는 병사들이 일정 간격으로 서서 밤낮을 가리지 않고 M16 소총을 들고 경계 근무를 섰다. 우리 군목 33명은 눈이 오나 비가 오나 그 철책선을 따라 다니며 외롭고 지친 병사들을 위로했다. 고향의 부모와 형제, 연인을 그리워하며 눈물짓는 젊은이들에게 복음을 전하고 대화를 나누는 일은 참으로 귀하고 복된 사역이었다. 지금 돌이켜보면 그 젊은이들과 함께하며 복음을 전할 수 있었던 그 시간들은 하나님께서 주신 절호의 기회였다.

나는 밤낮을 가리지 않고 철책선을 돌며 병사들을 만났다. GOP 철책선은 그 어떤 병사라도 혼자 다닐 수 없도록 되어 있었다. 예전에 한 병사가 아무도 모르게 철책선을 넘어 월북한 일이 있었기 때문이다. 그러나 군목은 법적으로 군종병을 둘 수 없었기에, 나는 사단장의 특별한 허락을 얻어 홀로 철책선을 다녔다. 한밤중에 내무반을 찾아가면 병사들은 어린아이처럼 기뻐하며 나를 반겨 주었다. 외로움에 지친 그들에게 군목의 방문은 마치 천사를 만나는 것처럼 큰 위로가 되었던 것이다.

다른 군목들은 자신이 부목사로 섬기던 교회나 유력자의 도움으로 빵이나 과자를 사와 병사들과 나눌 수 있었지만, 나는 그럴 형편이 아니었다. 내가 전임했던 구만리교회는 강원도 산골의 작은 교회였고, 서울의 큰 교회들과 인연도 없었다. 대대급 부대에는 교회조차 없었기에 모든 경비는 중위의 봉급에서 감당해야 했다. 결혼한 몸이었기에 형편은 더욱 어려웠다. 그래서 나는 빵 대신 껌 한 통을 사서 절반씩 나누며 병사들과 대화를 나누었다. 고향 이야기로 시작해 복음과 나의 간증으로 이어졌고, 예수님을 영접한 병사들과 함께 구원의 기쁨을 나누었다. 철책선 대대는 젊은이들에게 복음을 전하기에 더할 나위 없는 복된 현장이었다. 내가 근무하던 38연대 2대대에서는 무려 350명의 병사가 결신하여 세례를 받게 되었다.

이후 세 개의 대대 군목들이 연합하여 합동 세례식을 거행하기로 했다. 연대장과 사단장의 허락도 받았으나, 문제는 서울에서 함께 예배를 인도할 목사님을 섭외할 인맥이 없다는 것이었다. 다른 군목들은 아는 목사님들의 교회에서 도움을 받았지만, 나는 그런 분이 없었다. 그래서 나는 하나님께 간절히 기도드리며 도움을 구했다.

며칠 뒤 나는 성균관대학교 앞에 있는 창현교회 신종선 목사님을 떠올렸다. 교인 250명 남짓한 교회였지만, 목사님은 중년의 연배로 교계의 존경을 받는 분이었다. 나는 신 목사님을 만나 사정을 말씀드리고 철책선 부대의 복음화 사역과 합동 세례식의 의미를 설명했다. 목사님은 내 말을 다 들으시고 기쁨으로 참여하겠다고 약속하셨다. 나는 하나님께서 나의 부족함을 불쌍히 여기시고 가장 좋은 분을 만나게 하심을 느끼며 감사의 기도를 드렸다. 성가대도 함께 오겠다는 말씀을 듣고 나는 그 자리에서 눈시울이 뜨거워졌다.

신 목사님은 "세례를 받는 병사들에게 어떤 선물이 좋을까요?"라고 물으셨다. 나는 조심스레 "밤새 근무를 서고 세례를 받으러 나온 병사들이 먹을 빵과 내무반에 필요한 라디오 몇 대만 있어도 좋겠습니다"라고 말씀드렸다. 목사님은 이를 메모하시고 "교회 당회와 상의하겠다"고 하셨다. 며칠 후 도착한 편지에는 놀라운 소식이 적혀 있었다. 창현교회에서 350명의 빵과 각 소대 20여 개의 내무반에 배치할 수 있는 20대의 라디오를 준비해 부대를 방문하겠다는 것이었다.

그날의 합동 세례식은 은혜와 감격으로 가득 찼다. 철책선 위의 병사들이 십자가의 군병으로 새롭게 태어나는 놀라운 역사가 일어났다. 나는 그 모습을 보며 눈물로 하나님께 감사드렸다. 그것은 나의 능력이 아니라 오직 하나님의 은혜였다.

그날 이후 나는 확신했다. 선한 목적을 품고 믿음으로 기도하는 자에게 하나님은 반드시 응답하신다는 것을….

군 복무를 마치게 됐는데 오라는 교회가 없었다

1974년 11월 함께 입대한 군목들이 차례로 만기 전역을 하게 될 무렵, 나는 깊은 걱정에 사로잡혀 있었다. 전역 후에 나를 청하는 교회가 없었기 때문이다. 잠시 쉬며 기다릴 형편도 아니었다. 이미 두 딸이 있었고, 아내는 셋째를 임신 중이었다.

나는 어머니께 "저는 부모님의 유산을 받지 않아도 살 수 있습니다. 대신 형님과 두 아우에게 일정한 유산을 남겨 주십시오"라고 말씀드렸기에, 재산이라곤 하나도 없는 처지였다. 따라서 전역 후에 교회 자리가 나올 때까지 마냥 기다리며 머물 수밖에 없었다.

이 문제를 놓고 나는 하나님께 간절히 기도드렸다. 기도하는 가운데 군종 장교 복무를 연장할 수 있는 길이 있다는 것을 알게 되었고, 육군 본부 군종감실에 문의하여 1년간 복무 연장을 신청했다. 당시에는 군종 장교 인원이 부족했기에 1년의 연장이 허용되었다.

그러나 연장 결정 후 내 마음은 점점 더 비참해졌다. 나는 어느 교회든, 어디에 있든 부름만 있다면 갈 생각이었지만 나를 필요로 하는 교회는 아무 데도 없었다. 선배 목사님들도 많지 않았고, 특별한 재능이나 장기도 없었다. 찬양을 인도할 음악적 소질도, 교육부를 맡아 지도할 능력도 없었다. 스스로 생각해도 참 부족하고 한심하기 짝이 없었다.

그렇다고 세상 직업을 가질 수도 없었다. 이미 목사 안수를 받고 하나님께 일생을 주의 종으로 바치겠다고 서원했기 때문이다. 나를 불러 주는 교회는 없었지만, 그렇다고 세상으로 나갈 생각도 없었다.

바울 사도는 그리스도인을 핍박하던 자였으나, 다메섹 도상에서 부활하신 예수를 만난 후 아라비아 사막으로 들어가 3년 동안 하나님과의 교제의 시간을 가졌다. 그것은 고독한 인고의 세월이었을 것이다. 그 후 그는 유럽을 세 번이나 돌며 평생 복음을 전하는 고난의 길을 걸었다. 마흔에서 하나 감한 매를 다섯 번 맞고, 태장으로 다섯 번 맞았으며, 세 번의 파선을 당해 밤낮을 바다에서 떠돌았다. 강도와 이방인, 동족의 위협 속에서 죽을 고비를 수없이 넘겼고, 굶주림과 추위, 헐벗음 속에서도 복음을 전했다.

그런 사도 바울의 삶을 생각하니 부끄럽기 그지없었다. 나는 편안한 목회만을 바라며 누군가의 초청을 기다리고 있었던 것이다. 그러나 하나님은 그런 나를 버리지 않으시고 지금까지도 은혜로 붙들어 주셨다. 나는 내 자신이 얼마나 부족한 사람인지를 절실히 깨달았다.

결국 복무 연장을 신청해 놓고도 그 결성이 하나님 앞에 옳지 않다는 생각이 들었다. 하나님을 전적으로 의지하지 못한 내 믿음이 부끄러웠다. 며칠 동안 깊은 회개 속에 무릎을 꿇고 기도드린 끝에 다시 육군 본부에 찾아가 복무 연장 신청을 취소하고 조기 전역할 수 있도록 요청했다. 그리하여 1975년 3월 말, 4개월 더 복무한 뒤 전역할 수 있었다.

돌이켜 보면 그때의 나는 신앙보다 현실을 먼저 바라본 나약한 사람이었다. 그러나 하나님께서는 나의 부족함과 믿음 없음까지도 덮어 주시고, 그 과정을 통해 참된 목회자의 길은 '부름을 기다리는 자리'가 아니라 이사야처럼 "내가 여기 있나이다. 나를 보내소서" 하고 자진해서 나가야 한다는 것을 깨닫도록 인도해 주셨다.

총회 사무처에서의 첫걸음

군종 장교로 복무를 마치고 전역을 앞두고 있던 시점, 나의 장래를 위해 기도하시던 총회 이영민 총무님으로부터 연락을 받았다. 총회 사무처에서 함께 일하지 않겠느냐는 제안이었다. 나 같은 부족한 사람을 교단 행정과 정책을 담당하는 일에 불러 주신 것은 큰 기쁨이자 감사한 일이었다.

이영민 총무님은 내게 늘 큰 배려와 도움을 주신 분이었다. 「교회연합신보」 업무부장을 알선해 주신 분도, 구만리교회로 보내주신 분도, 내 결혼 주례를 맡아 주신 분도 바로 이 총무님이었다. 그때의 감사와 은혜는 이루 말할 수 없었다.

총회 사무처에서는 당시 전도부 총무였던 권영진 목사님이 사임하면서 그 업무를 나에게 맡겼다. 나의 공식 직책은 '전도부 간사'였으나, 실제로는 전도부의 업무를 책임지고 수행하였다. 권영진 목사님은 교단에서 영향력이 큰 지도자였고 이후 총회장으

로 선출되신 분이었기 때문에, 내가 전도부 총무로 임명되지 않았
다고 섭섭할 이유는 전혀 없었다.

총회 전도부의 업무를 맡으면서도, 매월 받는 급여가 늘 송구스
러웠다. 총회의 재정은 전국 교회가 보내는 상회비와 헌금으로
이루어져 있었고, 특히 미약한 시골 교회와 개척교회들의 헌금으
로 생활한다는 사실이 늘 마음에 걸렸다.

나는 고민했다.

'어떻게 하면 총회 사무처에서 내 급여 정도라도 다른 수입으로
충당할 수 있을까?'

그러다 한 가지 방법이 떠올랐다. 우리 교단이 매월 발행하는
총회 회보에 광고를 실어보자는 것이었다. 점심시간마다 기독교
인 사업체들을 찾아가 피아노 대리점, 서점, 출판사, 양복점, 성구
사, 여행사 등 여러 업체의 광고를 유치했다. 그렇게 총회 회보에는
매월 업체 광고가 실렸고, 내 급여는 그것으로 충분히 확보하고도
남는 액수가 되었다.

이 일을 보시고 이영민 총무님과 교육부 총무 김익선 목사님은
흐뭇해하시며 격려해 주셨다. 나는 그때 결심했다. 언제 어디서든
다른 이에게 도움이 되고, 필요한 사람이 되며, 생산적인 삶을
살아야겠다고….

바울 사도의 고백이 내 삶의 철학이 되었다.

내가 이미 얻었다 함도 아니요 온전히 이루었다 함도 아니라. 오직 내가 그리스도 예수께 잡힌 바 된 그것을 잡으려고 달려가노라. 형제들아, 나는 아직 잡은 줄로 여기지 아니하고 오직 한 일 즉 뒤에 있는 것은 잊어버리고 앞에 있는 것을 잡으려고, 푯대를 향하여 그리스도 예수 안에서 하나님이 위에서 부르신 부름의 상을 위하여 달려가노라(빌 3:12-14).

나는 스스로의 부족함을 잘 알기에, 주님과 교회 그리고 이웃을 위해 최선을 다하며 살기로 마음을 먹었다. 연약하지만 주님께 붙잡히면 선을 이루실 것을 믿기에, 내 삶을 주님께 온전히 맡기고 그 뒤를 따르며 살고자 노력하기로 결심하는 기회가 되었다.

Chapter 5

도동교회,
사역의 언저리

총회 사무처를 떠나 경기북노회 도농교회로

총회 사무처에서 전도부 간사로 일하면서, 나는 교단 산하 전국 교회의 갱신과 성장 그리고 도시 선교, 산업 선교, 농어촌 선교, 군종 선교, 교정 선교 등 각 분야의 선교 정책을 담당했다. 교단 전체 선교를 다루는 일은 큰 의미가 있었지만, 군목 시절과 「교회연합신보」에서 경험했던 목회의 현장, 직접 하나님의 백성을 섬기는 삶이 그리워졌다.

또한 이영민 총무님의 임기가 얼마 남지 않은 상황에서, 총회 규칙상 총회 사무처 직원은 총무와 임기를 함께 해야 한다는 점도 목회의 길을 고민하게 만드는 이유였다. 나는 이 총무님께 조심스레 상의했다.

"이 총무님, 총무님의 임기가 얼마 남지 않았는데, 저는 목회의 길을 찾는 것이 좋을 것 같습니다. 어떻게 생각하십니까?"

이 총무님은 진심 어린 충고를 주셨다.

"총무 직무라면 목회자로서 할 만하지만, 간사로서 총무 지시에 따라 일하는 일은 장래성이 크지 않아. 목사는 목회하는 것이 정석이야."

그 말씀을 듣고 나는 목회자로서 어디든 하나님의 부르심이 있는 교회라면 따라가겠다는 마음으로 기도하며 기다렸다.

그 무렵, 고향 선배이자 신실한 목회자인 수원 원천교회의 김대선 목사님에게서 연락이 왔다. 경기북노회(당시 경기노회) 도농교회에서 목사 추천을 의뢰받았으니 한번 가보지 않겠느냐는 것이었다. 교회는 서울 변두리 망우리 고개를 넘어가면 나오는 5.16 군사 정부가 산업화를 위해 세운 ㈜원진레이온 공장 바로 앞에 위치한 교회였다. 청장년 성도는 약 50명이며, 오랜 분쟁으로 어려움을 겪고 있는 교회라고 했다.

나는 그 교회에 하나님의 부르심이 있다고 생각하고, 추천을 부탁한 뒤 기다렸다. 얼마 후 교회 장로인 곽하철 장로가 나를 기독교회관 커피숍으로 불렀다. 곽 장로님은 "우리 교인들이 전 목사님의 설교를 들어보고 결정할 수 있도록 주일 예배를 한 번 인도해 달라"고 요청했다.

나는 겸손히 말씀드렸다.

"설교를 들어보는 것보다 저를 초빙해 주시면 최선을 다하겠습니다.
만약 성도들이 저를 원치 않으면 언제든 떠나겠습니다."

그리하여 교인들은 설교도 들어보시 않고 나를 청빙했고, 나는
1975년 5월 첫 주에 도농교회로 이사하게 되었다. 보통 목사를
청빙할 때는 청빙 전에 설교를 들어보는 경우가 태반이었지만,
나는 그때 하나님께서 나를 그 교회에 부르셨다는 확신이 있었기
에 그렇게 자신 있게 말할 수 있었던 것 같다. 그 말을 들은
곽 장로님은 교회에서 상의해서 연락하겠다고 하고 헤어졌는데,
그들은 상의한 후 당회와 제직회를 거쳐 공동의회를 한 다음,
담임목사로 나를 선정했다고 전하여 온 것이다.

막상 교회를 방문하니 정말 말이 아닐 정도로 어려운 형편이었
다. 교회는 오랜 분쟁으로 시달렸고, 한 장로가 중고등학교를
운영하며 많은 부채로 교회에 큰 부담을 안긴 뒤 떠나면서, 남은
성도들은 교회에 별다른 기대를 두지 않고 있는 형편이었다.

그럼에도 놀라운 것은 내가 부임하면서부터 알력이나 분쟁이
거의 없었고, 성도들이 하나로 협력하며 매일 은혜로운 분위기
속에서 교회를 섬겼다는 사실이다. 인간적으로 생각하기를, 이전
의 분쟁으로 더 이상 싸울 힘이 남아 있지 않았던 성도들을 성령께
서 하나로 묶어 주신 것이 아닐까 싶었다.

당시 교회는 70년의 역사를 지녔지만, 사택도 없었고, 교회

건물은 1층 60여 평이 전부였다. 그래서 나는 교회와 상의하여 전임자가 사용하던 방을 관리집사 사택으로 전환하고, 예배실 옆 창고를 헐어 확장하여 약 90평 규모로 만들고 좌석 300여 석을 마련했다.

부임 후 첫 제직회의 일도 잊을 수 없다. 장로 한 분이 도농 지역에 처음으로 전화가 개통되는데, 가입비 50,000원이 부족해 포기해야 하겠다고 보고하는 것이 아닌가. 당시 50,000원은 상당히 큰 액수였기에 교회가 부담하기는 어렵다는 것이다. 그때 나의 사례비가 월 50,000원이었는데, 절반을 내가 부담할 테니 나머지 25,000원을 제직들이 부담하도록 제안하였다. 놀랍게도 제직들은 자발적으로 동의했고, 그렇게 도농교회에 첫 전화가 설치되었다. 그 당시 전화가 있는 집은 아주 드물었다.

이 일이 있은 다음부터 교회는 당회원과 제직이 하나 되어 더욱 은혜로운 교회로 나아가게 되었다. 매주 신규 등록 인원이 늘었고, 내가 도농교회에 있는 4년 동안 주일 낮 예배에는 청장년 240여 명, 청년 50여 명, 중고등부 200여 명, 어린이 200여 명이 모이는 교회로 성장했다. 이는 나의 능력이 아닌, 성도들이 하나님께 의지하며 성령께서 역사하신 결과였다. 하나님은 교역자와 성도가 하나 되어 기도하고 나아가기만 하면 놀라운 역사를 이루신다는 확신을 갖게 된 순간이었다.

역사가 깊은 도농교회에 청년 목사로서 부임

도농교회는 경기도 남양주시 도농동에 있는 작은 교회인데, 내가 부임할 때만 해도 촌락에 불과한 마을에 있었다. 그때의 주소는 경기도 양주군 미금면 지금리 도농부락이었다. 교회 앞에는 원진레이온이라는 대형 공장이었다.

본래 원진레이온은 흥한화섬으로 시작했다. 박정희 장군이 군사쿠데타를 일으키고 한일회담(1965. 6. 22.)에서 일본으로부터 무상차관(현물)으로 3억 불, 장기저리차관으로 2억 불을 받았을 때, 화신백화점의 박흥식 회장이 공해 산업으로 일본에서는 처리 곤란한 것을 한국에서 처리하는 공장을 서울 부근에 건설해 많은 산업재해를 일으켰다. 그런 공장이 교회 앞에 버티고 있었고, 그 공장에 2,000여 명이 일하고 있었다. 그 직원들 중 몇 가정이 우리 교회에 나왔으나, 대부분은 서울에서 출퇴근했다. 조금 떨어진 곳에는 대일유업(現 빙그레)이라는 빙과류를 만드는 회사 공장이 가까이 있었다.

내가 부임한 교회는 당시 70년 정도 된 교회로, 교세는 청장년 50~60명 정도가 주일 낮에 출석하고 있고, 중고등부는 100명 정도, 어린이부도 100명 정도가 나오는 촌락의 작은 교회였다. 청장년에 비해 유초등부와 중고등부 그리고 청년부가 강한 것은, 교회에서 세운 고등공민학교가 후에 중고등학교로 성장했고, 그 중고등학교에서 우수한 학생들이 교회에 나와, 초·중·고등학부와 청년부에 강하고 좋은 인재들이 자라고 있었던 것이다.

그들은 그 누구와도 바꿀 수 없는 인재들이었다. 나는 이들과 미래를 꿈꾸며 뛰놀고 함께 하나님의 말씀을 탐구해 갔다. 만 4년 동안 그 교회를 섬긴 것이 자랑스럽기 짝이 없다. 내가 그 교회에 부임한 것은 만 32세로 젊은 청년 시절이었다. 군목을 전역하고 교단 사무처에서 잠시 머문 후에 꿈꿔 왔던 목회를 위해 간 곳이 도농교회였다.

도농교회는 새문안교회를 세운 언더우드가 서울 주변의 여러 교회를 개척하는 가운데 북쪽으로는 능곡교회, 서쪽으로는 양평동교회, 남쪽으로는 신사동교회, 동쪽으로는 이 도농교회를 세웠으리라 생각된다. 그러나 1953년에 장로교의 분열로 예장과 기장으로 분열되면서 양평동교회만 예장으로 남고, 능곡교회와 신사동교회와 도농교회는 기장으로 분열되었다.

도농교회의 역대 교역자를 보니, 한신대학장과 건국대의 총장

을 하셨던 정대위 박사의 선친이신 정재면 목사가 시무하기도
하였다. 정재면 목사는 훌륭한 독립운동가로서 만주의 서진서숙
과 명동학교에서 독립운동가를 키운 교사였다. 서전서숙은 을사
늑약으로 일본에 빼앗긴 나라의 국권을 나시 찾기 위해서 이동녕
이 만주에 교육기관으로 세운 것이고, 명동학교는 이상설이 고종
황제의 명으로 우리나라 독립을 세계에 알리기 위해 파리강화회의
에 가면서 서전서숙을 정리할 수밖에 없게 되자, 김약연이 명동촌
에 세운 것이다. 이때 정재면은 학감으로 명동학교를 통해서 역사
에 빛날 인물들을 키워 내놓은 사람이다. 이런 정재면 목사가
도농교회에서 목회했다는 것이 내 마음을 설레게 하였다.

또 6.25사변 시에 우리 교단을 창설하신 김재준 목사도 강단에
서서 목회하셨던, 전통 있는 교회였다. 나는 정재면 목사와 김재준
목사 같은 독립운동가를 키운 독립지사이자, 대신학사이며 기독
교 사상가인 김재준 목사 같은 분들이 목회했던 도농교회를 훌륭
한 교회로 거듭나게 하려 몸부림쳤다. 교회 청년들과 함께 우리
교단에서 채택한 문서들을 가지고 같이 스터디하면서, 그들의
신앙이 예수를 믿고 구원을 받는 개인의 신앙에 머물지 않고
민족과 세상 속에서 그리스도인으로 자각하고 세상을 변화시킬
수 있는 그리스도인으로서 사명감을 갖는 사람들로 일어서게
하는 데 힘을 다하였다. 우리 교단은 1969년 9월에 교회교육지침
을, 1971년 9월에 사회선언지침을, 1972년 9월에는 신앙고백서

를, 1973년 9월에는 선교 정책을 채택하였다.

우리 교단에서 채택한 이 4대 문서는 대단한 교회의 선언일 것이다. 우리 교회의 젊은이들은 이 4대 문서를 스터디하면서 기독교가 이렇게 위대한 진리를 담보하고 있다는 데 감격하였고 또한 그리스도인이 된 것을 자랑스러워하였다. 이들을 보면서 나도 함께 감격하였다.

도농교회에서
― 내 힘으로는 목회를 감당할 수 없어
하나님께 매달릴 수밖에 없었다

　1971년 11월, 전북노회에서 목사 안수를 받고 군종 장교로 임관한 뒤 3년 동안 군목으로 복무하며 선교 활동을 했다. 군 복무를 마친 후에는 남양주에 있는 도농교회에 부임하여 목회를 시작했는데, 그곳에서 나는 내 능력으로는 도저히 목회를 감당할 수 없다는 사실을 절실히 깨달았다. 그래서 오직 하나님께 의지하며 간구하는 목회를 할 수밖에 없었다.

　새벽 기도뿐 아니라 철야 기도에도 열심을 내었고, 때로는 금식 기도로 주님 앞에 무릎을 꿇었다. 예수님께서 하신 기도의 세 가지 모습―새벽 기도, 철야 기도, 금식 기도―을 본받고자 한 것이다. 나 같은 부족한 사람이 어찌 감히 주님을 본받을 수 있겠는가. 나는 너무나 미약하여 주님의 종이라 부르기조차 부끄럽고 죄인 중의 괴수라 여겨졌다. 그렇기에 주님의 손에 붙들리지 않으면 단 한 걸음도 목회를 이어갈 수 없다고 생각하며 기도하는 일에 온 힘을 쏟았다.

교회에서 멀지 않은 청평에는 '한얼산기도원'이 있었다. 원장은 상이군인 출신의 이천석 목사였는데, 이분은 당시 전국적으로 이름난 부흥사였다. 여름과 겨울에 큰 집회가 열릴 때마다 많은 성도들이 은혜를 받으러 모였고, 나 역시 여러 차례 참석하여 금식하며 "주님이 함께하시는 종이 되게 하소서"라고 간구하였다. 또 포천의 한탄강 위쪽에 위치한 '대한수도원'에도 올라가 일주일 동안 금식 기도를 드린 적이 있었다. 수도원 뒷산에 올라 금식으로 지친 몸을 이끌고 밤을 새워가며 부르짖던 그 기도 시간은 지금도 잊을 수 없는 은혜의 기억으로 남아 있다.

그렇다고 해서 다른 목회자들처럼 놀라운 성령의 역사나 특별한 은사를 체험한 것은 아니었다. 그러나 그 시간들을 통해 주님께서 나와 함께하심을 확신하게 되었고, 그분의 종으로서 진실하고 성실하게 성도들을 섬기며 세상 속에서 고통받는 이들을 사랑해야 한다는 사명을 새롭게 깨닫게 되었다.

예수께서 베드로, 야고보, 요한을 데리고 높은 산에 올라가셨을 때 그분의 옷은 광채가 났고, 그 자리에는 모세와 엘리야가 함께 나타나 예수님과 더불어 말씀을 나누셨다. 제자들은 그 장면을 보고 너무나 황홀하여 그곳에 초막 셋을 짓고 영원히 머물고 싶다고 고백했다. 그러나 하늘에서 음성이 들려왔다.

이는 내 사랑하는 아들이니 너희는 그의 말을 들으라(막 9:7).

예수께서 산에서 내려오셨을 때 산 아래에는 제자들이 귀신 들린 아이를 고치지 못해 당황해하고 있었다. 아이의 아버지가 "무엇을 하실 수 있거든 우리를 불쌍히 여기사 도와주옵소서"라고 간구하자, 예수께서는 말씀하셨다.

할 수 있거든이 무슨 말이냐? 믿는 자에게는 능히 하지 못할 일이 없느니라(막 9:23).

그리고 예수께서는 그 아이에게서 귀신을 내쫓아 깨끗하게 하셨다.

나 또한 여러 기도원에서 은혜를 받고 능력을 얻어 목회를 잘하고 싶었다. 그러나 시간이 지나며 깨닫게 된 것은 단지 능력을 얻기 위한 기도가 아니라, 세상 속의 귀신 들린 현실, 즉 분열된 교회, 연합과 일치가 무너진 한국교회 그리고 권력과 가난 속에 억눌린 이들의 해방과 자유를 위한 기도로 나아가야 한다는 것이었다. 그 깨달음 이후 나는 목회의 자리에서뿐 아니라, 세상을 향한 선교의 현장으로 발걸음을 옮기게 되었다.

청년들이 교회를 중심으로 뭉치기 시작하다

도농교회는 오랜 분쟁 속에서도 한 가지 큰 가능성을 가지고 있었다. 그것은 바로 교회가 세우고 키워 온 동화중고등학교(도농 중학교)였다. 서울 동부 끝자락 망우리 고개를 넘어 교문리를 지나 왕숙천을 넘으면 도농 지역이 나오는데, 교회는 이곳에 자리 잡고 있었다.

도농교회는 선교 초기 장로교 선교사들이 세운 교회 중 하나였다. 서울 중심에 새문안교회를 세운 언더우드 선교사는 서울 변두리 지역에도 교회를 설립했는데, 북쪽으로 능곡교회, 서쪽으로 양평동교회(예장 통합), 남쪽으로 신사동교회, 동쪽으로 도농교회를 세웠다. 도농교회는 그 유명한 선교사 찰스 앨런 클라크(Charles Allen Clark)에 의해 설립되었으며, 그 후 정재면 목사 같은 독립운동가(정대위 박사의 부친) 그리고 김재준 목사 같은 뛰어난 인물들이 목회하였던 교회였다. 그러나 시간이 지나면서 교회는 점점 허약해지고 거의 방치되어, 한때의 영광을 잃은 상태였다.

그럼에도 교회는 도농고등공민학교를 세우고, 이를 중고등학교로 인가받으며, 그 지역에서 그런대로 역할을 하고 있던 교회였다. 학교 인가 과정에서 교회의 유력한 성도였던 이 모 장로의 헌신이 컸다. 그는 상당한 재력가로서 학교를 정식 중고등학교로 인가받기 위해 막대한 자금과 노력을 기울였다. 그 덕분에 학교에는 많은 인재들이 몰렸고, 교회에도 학생과 교직원들이 신앙생활을 하러 나오는 등 교회는 활력을 얻었다.

그러나 학교를 운영하는 과정에서 사채까지 얻는 등 과도한 투자로 인해 결국 부도가 나고, 학교는 장로의 손을 떠나 사법당국으로 넘어갔다. 교회 안에서도 채권 문제가 얽히면서 장로는 장로직에서 면직되고, 가족과 지지자들은 교회를 떠나 큰 실망을 안겼다. 교회는 거의 폐허와 다름없는 상태가 되었고, 일부 성도들은 출석은 했지만 마음껏 참여하지 못하는 분위기였다. 나는 이러한 상황 속에서 도농교회에 부임하게 되었는데, 하나님의 계획 속에서 이루어진 일이 아닐까 생각했다.

부임하고 보니 성도들 사이에는 교회에 대한 책임 의식이 부족했고, 단순히 예배에 참석하는 것으로 교회 생활을 다 했다고 생각하는 경향이 있었다. 그러나 놀라운 변화가 시작되었다. 특히 도농중고등학교를 졸업하고 대학이나 사회에 진출한 청년들이 교회에 돌아오면서, 교회 중심으로 모이기 시작한 것이다. 학교 소유주가 되었던 이 장로는 떠났지만, 젊은이들은 여전히 교회를 사랑하고 책임감을 가지고 있었다. 나는 그들과 함께 성경을 공부하며 하나님께서 그들에게 주신 비전을 일깨우는 역할을 하게 되었다.

중고등부는 주일마다 200여 명이 모였고, 모임은 잔칫집과 같은 분위기였다. 문학의 밤 같은 수준 높은 행사도 준비했고, 중고등부 성가대 50여 명은 주일 예배와 장년 수요 예배에서까지 찬양하며 예배를 풍성하게 만들었다.

도농교회는 동화중고등학교와 함께 많은 학생과 청년이 모이는 활기찬 신앙 공동체로 자리 잡았다. 교회는 마치 인재를 배출하는 발전소와도 같았다. 하나님은 부족한 나를 통해, 내 능력으로는 할 수 없는 일을 성령으로 이루셨다. 나는 언제나 주님의 능력만을 의지했기에, 그 모든 열매가 성령의 역사임을 확신한다.

그때의 청년들과 학생들은 훗날 사회와 교회에서 두드러진 인물로 성장했다. 지금도 그들을 생각할 때마다 하나님께 감사할 수밖에 없다.

무당이 전도도 하고, 교회를 떠나게도 했다

　　도농의 외딴집에서 돼지를 키우며 살아가는 성도가 있었다. 남편은 외부에서 일했고, 어린 두 딸을 둔 아주 부지런한 여인이었다. 이 가정은 돼지 두 마리만 겨우 키우고 있었다. 내가 교회에 부임한 지 얼마 되지 않았을 때 새 신자 심방을 하게 되었다.

　　그 가정은 매우 가난했다. 당시 서울 변두리 지역 대부분이 그러했기에, 나는 목회자로서 성도들의 영혼 구원에 관심을 가지면서도, 그들의 생활 형편을 볼 때마다 마음이 아팠다. 가진 것이 없어 도울 수도 없는 현실이 안타까워, 어떻게 하면 이들을 도울 수 있을까 늘 고민하며 가슴 아픈 시간을 보냈다. 우리 부부는 어렵게 사는 그분이 안쓰러워 조심스럽게 대화를 나누었다.

　　그때 그분이 이렇게 말했다.

"저는 교회를 생각해 본 적이 없었는데, 단골로 다니는 무당이 '당신은 예수를 믿어야 산다'고 해서 집에서 가장 가까운 도농교회에 나오게 되었어요."

세상에, 구원의 길을 무당의 입을 통해 듣게 되다니! 어처구니 없으면서도 한편으로는 참 다행스러운 일이라 생각했다. '무당도 전도를 하는구나' 하고 웃음이 나기도 했다.

그 후 그녀는 교회에 열심히 출석했다. 공 예배뿐 아니라 새벽기도에도 빠지지 않았다. 출석한 지 6개월 만에 세례를 받고, 몇 년이 지나 집사로 임직되어 교회 봉사에도 헌신하는 신실한 성도로 성장했다. 그녀에게는 특별한 습관이 하나 있었는데, 새해 첫날이면 떡 한 시루를 머리에 이고 교회 사택을 찾아와 인사하곤 했다. 목사에게 순종하고 교회에 정성을 다하는 모습이 참 고마웠다.

그러던 어느 날부터 그녀가 교회에 나오지 않았다. 처음 한 주는 무슨 사정이 있겠거니 했지만, 다음 주일에도 보이지 않았다. 전화도 없던 시절이라 우리는 직접 그 집을 찾아가 보기로 했다. 멀리서 그 집을 바라보니, 분명히 그녀가 돼지에게 먹이를 주고 있었다. '혹시 어디 아픈가?' 하는 생각으로 다가갔지만, 집에 도착하니 그녀는 보이지 않고 어린 두 딸만 마루에서 놀고 있었다.

"엄마는 시장 보러 나갔어요."

딸들의 말에 우리는 당황했다. 조금 전까지 분명히 그녀가 돼지에게 먹이를 주는 모습을 보았는데, 왜 집 안에는 없는 걸까? 평소와 달리 조용한 집 안에서, 무언가 일이 생긴 것이 분명했다. 그냥 돌아설 수 없었다. 돌아가면 그녀가 신앙적으로 완전히 멀어질까 두려웠다. 집 안을 살펴보던 중 항아리가 몇 개 놓인 구석에서 이상한 기운이 느껴졌다. 조심스레 뚜껑을 열어보니, 그 안에 웅크리고 있는 사람이 있었다. 놀랍게도 그녀였다. 나는 깜짝 놀라 이유를 물었다.

그녀는 눈물을 흘리며 말했다.

"한 달 전 단골 무당에게 갔더니, '교회에 계속 나가면 올해를 넘기지 못하고 죽을 팔자야'라고 하더란다. 그 뒤 무서워서 더는 교회에 나올 수 없었어요. 목사님, 저 좀 살려주세요."

나는 부드럽지만 단호하게 말했다.

"당신이 정말 살길을 원한다면, 교회를 떠나는 것이 아니라 오히려 주님께 더 가까이 가야 합니다. 점쟁이의 말은 당신을 묶는 사슬일 뿐이에요. 예수 이름을 의지한다면 죽지 않을 뿐 아니라, 오히려 큰 축복을 받게 될 것입니다. 다시는 점쟁이를 찾아가지 말고 새벽 기도에 매일 나오세요. 나도 함께 기도하겠습니다."

그 후 그녀는 약속을 지켰다. 그 해 내내 하루도 빠지지 않고 새벽 기도에 참석하며 간절히 기도했다. 점차 건강을 회복했고, 교회의 든든한 일꾼으로 서게 되었다. 새해 첫날, 그녀는 다시 떡 한 시루를 머리에 이고 우리 집을 찾아왔다.

"작년에 죽지 않고 이렇게 새해를 맞게 된 건 다 하나님의 은혜예요. 목사님 기도 덕분이에요."

나는 웃으며 말했다.

"하나님께서 당신을 사랑하시기에 자기 아들까지 십자가에 내어주셨습니다. 그런 하나님이 어찌 당신의 생명을 지켜주시지 않겠습니까?"

그날 우리는 함께 감사 기도를 드리고 기쁨 속에 헤어졌다. 그녀는 이후로도 도농교회의 훌륭한 일꾼으로, 믿음 안에서 담대한 신앙인으로 굳게 서게 되었다. 나는 목회를 하면서, 사탄의 역사가 어떻게든 성도들을 교회에서 떼어놓으려 하고, 심지어 무당을 통해 사람을 교회로 인도하기도 하지만 신앙이 확고하게 서지 못하면 다시 불신앙의 함정에 빠뜨리는 모습을 보았다.

한우 농장을 운영하는 집사의 소가 병에 걸리다

당시 내가 섬기던 도농 지역은 도농 복합 지역이었다. 시장은 청량리에서 보았지만, 생활은 시골과 다르지 않았다. 서울에서 망우리 고개를 넘으면 교문리라는 마을이 있었고, 그곳을 지나 왕숙천을 건너면 도농 지역이 나타났다. 이곳에는 2,000여 명의 직원이 근무하는 대형 공장 ㈜원진레이온이 있었고, 그 후문 쪽에는 ㈜대일유업이라는 큰 공장도 자리하고 있었다. 원진레이온은 일본에서 들어온 공해산업으로, 박정희 대통령이 경제 개발을 위해 유치한 공장이었지만, 당시 사람들에게는 먹고 사는 일이 급선무였기에 공해를 감내하며 살아야 했다.

이 지역에는 농사를 짓는 사람도, 양계업을 하는 사람도, 한우를 사육하는 사람도 있었다. 우리 교인 중 한 집은 남편은 교회에 출석하지 않았지만, 아내는 새벽 기도회까지 빠지지 않을 정도로 열심히 신앙생활을 하는 분이었다.

어느 날 아침, 그 여집사에게서 전화가 걸려 왔다.

"목사님, 열흘 전부터 이 지역에 소 열병이 유행하고 있어요. 병든 소들이 많이 죽고 있습니다. 우리 소들도 증세가 심해졌는데, 제발 오셔서 기도해 주세요."

전화를 받고는 걱정이 태산이었다. 성경 어디에서도 예수님이 나 사도들이 가축을 위해 기도했다는 기록은 없었고, 선배 목회자들의 경험담에서도 그런 이야기는 들은 적이 없었다. 그렇다고 "가축이니 기도해도 소용없다"라고 말할 수도 없는 상황이었다. 그때 문득 요나서의 말씀이 떠올랐다

네가 수고도 아니하였고 재배도 아니하였고 하룻밤에 났다가 하룻밤에 말라 버린 이 박넝쿨을 아꼈거든, 하물며 이 큰 성읍 니느웨에는 좌우를 분별하지 못하는 자가 십이만여 명이요, 가축도 많이 있나니, 내가 어찌 아끼지 아니하겠느냐 하시니라(욘 4:10-11).

요나가 니느웨 사람들에게 "회개하지 않으면 40일 만에 멸망하리라"고 전했을 때, 사람들은 회개하며 금식을 선포했다. 하나님은 그들의 회개를 보시고 재앙을 거두셨다. 하나님은 사람뿐 아니라 가축도 아끼신다는 말씀이 내 마음에 깊이 와닿았다.

나는 산등성을 넘어 그 집 농장으로 향했다. 도착해 보니 집사 부부는 밤새 울었는지 눈이 퉁퉁 부어 있었다. 그들은 농협에서 융자를 받아 소규모 한우 농장을 시작했는데, 어미 소들이 여물을 먹지 못하고 누워 있었다. 집사 부부는 이제 다 틀렸다고 한탄하였으며 위로의 말조차 할 수 없는 상황이었다.

나는 그들에게 물었다.

"수의사에게 보였습니까?"

그들은 대답했다.

"어제 오후에 와서 주사를 놨지만, 효과가 없는 것 같습니다."

수의사도 어찌할 수 없는 상황에서 내가 할 수 있는 일은 오직 하나님께 기도하는 것밖에 다른 방법이 없었다. 요나서 3장을 떠올리며 간절히 기도했다.

"하나님, 니느웨의 가축까지 아끼신 주님, 이 소들도 불쌍히 여겨 주옵소서."

기도를 마치고 돌아오는 길에 집사 내외가 내 뒷모습을 바라보는 모습이 떠올라 한없이 부끄러웠다. '하나님의 형상을 닮은 사람도 병이 나으면 기도로 다 낫는 것은 아닌데, 하물며 가축이라…' 하는 생각이 들었다.

집에 돌아와 청소하던 아내에게 말했다.

"병든 소를 위해 안수 기도를 하고 왔어."

아내는 웃으며 말했다.

"세상에, 가축을 위해 기도해 달라는 경우는 처음 들어보네."

그런데 오후 두 시쯤 그 여집사에게서 전화가 걸려 왔다.

"목사님! 소들이 점심 무렵에 일어나 여물을 먹기 시작했어요!"

유행병으로 앓던 소들이 기도로 나은 것이다. 나는 이것이 내 기도 때문이 아니라, 하나님께서 그 가정을 불쌍히 여기시고 개입하신 일이라 믿었다. 그날 이후 하나님께서 작은 자를 통해 가축에게까지 역사하심을 보고, 나는 항상 하나님 앞에 두려운 마음으로 무릎을 꿇을 수밖에 없었다.

이후 내가 강남교회로 이임했을 때, 도농교회는 존경하는 선배

김 목사님이 맡고 있었다. 어느 날 그분으로부터 전화가 걸려
왔다.

"전 목사, 교인들이 전임자를 너무 대단하게 생각해서 나를 부시하는
경향이 있어요. '전 목사는 소 떼가 병들었을 때 기도해서 다 낫게
해 주었다는데, 왜 김 목사님은 못하느냐'고 말하는 겁니다."

그분은 나에게 이런 부탁하는 것이 아닌가.

"우리 교회에 와서 설교하면서 성도들도 위로해 주고, 내가 계속
목회할 수 있도록 권면도 좀 주시오."

나는 그 부탁을 받고 그 교회에 가서 설교하면서 이렇게 말했다.

"그 일은 하나님께서 하신 일이며, 김 목사님은 저보다 훨씬 훌륭하신
분입니다. 목사에게는 그런 이적보다 훌륭한 인격과 삶이 더욱 중요합
니다."

맞다. 목사에게 필요한 것은 마술사 시몬이 행한 기사와 이적이
아니라, 사도 바울이 보여준 선교의 열정과 헌신일 것이다. 나는
평생 목회하면서 '진실한 목사, 성실한 목사, 겸손한 목사'가 되는

것을 소망하며 살아왔다. 어떤 기적이나 신비한 현상을 추구하는 것이 아니라, 성도들이 생사의 기로에 서 있거나 사업의 실패로 고통받을 때 진실과 사랑으로 섬기는 목회가 얼마나 귀한지 실감하며 살아왔다.

류창열 목사가 자기 부친의 염을
해 달라고 요청했다

나는 군목에서 제대한 뒤 총회 사무처를 거쳐 도농교회 담임목사로 부임했다. 부임한 지 얼마 되지 않아 성도들이 상을 당했을 때 염을 해야 하는 일이 생겼다. 그러나 나는 그런 경험이 없어 쉽지 않았다. 군에서는 군인이 세상을 떠나면 장례 담당자들이 모든 절차를 맡기 때문에, 군목은 장례 예배만 인도하면 되었던 것이다. 그래서 내가 직접 염을 해 본 적은 한 번도 없었다. 지금은 장례식장마다 장례지도사들이 있어 목회자가 염을 하지 않아도 되지만, 당시에는 목회자가 직접 염을 하는 경우가 많았다. 또 성도 중에는 목회자가 염을 해 주는 것을 큰 영광으로 여기는 분들도 있었다.

그런데 어느 날, 내가 섬기던 도농교회 근처의 지금리교회 목사님이 소천하셨다. 그분의 아들이 바로 나의 신학교 선배이자 같은 노회 소속인 류창열 목사였다. 류 목사가 전화를 걸어와 "아버지 염을 좀 해 달라"고 부탁하였다. 나는 한 번도 염을 해 본 적이 없었지만, 류 목사님이 옆에서 도와줄 것이라 믿고 가기로 했다.

지금리교회 사택에 도착하니, 방 하나짜리 사택 안에 시신이 모셔져 있었고, 병풍을 치고 문상객들을 맞고 있었다. 그때가 8월, 무더운 한여름이었다. 방 안은 문이 열려 있었는데, 시신은 바람으로 인해 온몸이 부풀어 생전보다 몇 배는 커져 있었다. 게다가 교회 형편이 어려워 값싼 판자 관을 준비해 둔 터라, 그 부풀어 오른 시신이 관에 들어갈 수 있을지 걱정이 앞섰다.

나는 알코올 솜으로 시신을 닦기 시작했는데, 혹시 배가 터져 창자가 나올까 두려워 손이 떨렸다. 너무 무섭고 긴장되어 땀이 비 오듯 흘렀다. 그 모습을 본 지금리교회의 한 장로님이 나를 도와주셨는데, 그분은 아주 능숙하게 염을 진행하셨다. 나는 그 장면을 보며 얼굴을 들 수 없을 만큼 부끄러웠다. 일이 끝난 뒤 입관 예배를 인도하고, "모두 수고하셨습니다" 인사만 하고 서둘러 그 자리를 떠났다.

며칠 동안 나는 깊은 자괴감에 빠졌다. '나는 목사로서 이런 일도 제대로 감당하지 못하는가' 하는 생각이 머리를 떠나지 않았다. 그런 와중에 또 한 번의 장례 소식이 들려왔다. 우리 교회의 이 모 집사가 모친상을 당했다는 것이었다. 그 집은 대대로 폐결핵으로 앓다가 세상을 떠나는 경우가 많다고 했다. 이번에도 염을 부탁받았지만, 나는 전번의 일을 떠올리며 걱정이 앞섰다.

아내와 함께 그 집으로 갔다. 당시에는 병원 장례식장이 없었고, 형편이 넉넉하지 못한 분들은 대부분 집에서 임종을 맞았다. 이 집 역시 작은 셋방이었는데, 문을 열자 놀라운 광경이 눈앞에 펼쳐졌다. 돌아가신 어머니의 시신은 엎드린 채로 있었고, 방안은 피로 가득 차 발을 디딜 틈이 없었다. 붉은 피 사이사이에는 마치 올챙이처럼 검은 응혈 덩어리들이 섞여 있었다. 피는 이미 굳어 있었지만, 마치 살아 움직이는 듯 보여 섬뜩했다. 이 모집사는 어디론가 사라지고 보이지 않았다. 아마도 그 역시 두려워 피한 듯했다.

아내가 "걸레가 필요하겠어요. 집에 있는 헌 옷들을 가져올게요" 하고 집으로 돌아가 헌 옷과 걸레를 한 보따리 가져왔다. 우리는 그 피를 닦아내기 시작했다. 얼마나 오랜 시간이 걸렸는지 기억도 나지 않는다. 아들의 가족도 두려워 피했지만, 우리 부부는 묵묵히 그 피를 닦았다.

나는 마음속으로 두려움이 가득했다. "폐결핵 환자가 쏟은 피는 전염된다"는 말을 들은 적이 있었기 때문이다. 그러나 아내는 전혀 두려워하지 않는 듯했다. 담담히, 정성껏 시신을 닦아 드렸다. 그 일이 끝난 뒤 나는 아내에게 물었다.

"당신은 무섭지 않았어?"

그러자 아내는 미소를 지으며 이렇게 말했다.

"나라고 무섭지 않았겠어요? 하지만 우리가 감당해야 할 일이잖아요."

그 말을 듣는 순간 가슴이 뭉클했다. 나는 그 두 번의 염을 통해 내 자신이 얼마나 연약한 사람인지를 뼈저리게 느꼈고, 한편으로는 아내의 헌신적인 믿음에 깊이 감사했다.

얼마 후부터 장례식장과 장례지도사 제도가 생기면서 목회자가 직접 염을 하지 않아도 되는 시대가 되었다. 나는 그 소식을 들으며 마음 깊이 하나님께 감사드렸다.

아우가 재일 동포 간첩단 사건에 연루되었다고?

우리 집은 아들만 넷이었다. 나는 둘째였고, 내 아래 동생은 나를 이어 목회자가 되기 위해 한국신학대학에 입학했다. 그는 어려서부터 착하고 성실했으며 머리도 좋아 형제들 중에서도 가장 기대가 큰 동생이었다. 친구들 사이에서도 신의가 깊고 의리가 있어 언제나 인기가 많았으며, 친구들의 집에 경사나 어려운 일이 생기면 며칠이고 함께하며 동지애를 나누는 성품을 지녔다. 그래서 시골의 작은 우리 집에는 늘 아우의 친구들로 북적였다.

신학교에 진학한 동생은 신학 공부를 무척 즐겼고, 주의 종이 되기 위해 학문과 경건의 길을 함께 걸으며 열심히 노력했다. 군 복무를 마친 후에는 훌륭한 사상가들의 책을 탐독하며 사고의 폭을 넓혀 갔다. 동생과 대화를 나누다 보면 늘 새로운 지식과 깊은 통찰을 얻게 되어 나로서는 대견하고 기뻤다.

그 무렵, 박정희 대통령이 유신 체제를 공고히 하기 위해 쿠데타를 일으켰고, 이에 항의하는 시위가 전국적으로 일어났다. 동생은 유신 독재에 반대하는 시위에 참여했다는 이유로 대학 당국으로부터 무기정학 처분을 받았다. 이후 전북노회 김제 제월리교회에서 전도사로 사역하며 목회를 이어갔다. 그 무렵, 나는 경기노회 도농교회에서 목회를 시작한 지 7개월쯤 된 때였다.

1975년 10월 20일, 한밤중에 수사 당국이 동생을 체포해 갔다는 소식이 전해졌다. 우리 가족은 그야말로 충격에 휩싸였다. 그러나 한 달쯤 지난 11월 25일, 신문과 방송에서 "학원 침투 재일교포 간첩단 일망타진"이라는 발표와 함께 내 아우의 이름이 거론되었다. 그 소식을 듣는 순간 세상이 무너지는 듯한 절망을 느꼈다.

어머니와 형제들은 놀람과 분노 그리고 참을 수 없는 부끄러움에 잠겼다. 우리 집은 신앙의 전통을 지닌 가정이었다. 공산주의를 지지할 리 없었고, 6.25전쟁 때 아버님께서 인민군에게 맞아 평생을 고생하시다 별세하셨기 때문에 공산주의를 철천지원수로 알고 살았다. 아버지는 소를 키우셨는데, 인민군들이 그 소를 잡아먹기 위해 빼앗으려 하자, 빼앗기지 않으려다 몽둥이로 사정없이 맞고 몸져누우신 뒤부터 고질병을 앓으셨다. 그런 우리 가정이 간첩단과 연루되었다는 것은 상상조차 할 수 없는 일이었다.

우리는 동생이 유신 독재에 항거한 것은 민주화를 위한 의로운 행동이었다고 믿었다. 그러나 간첩단에 가담했다는 발표는 명백한 조작이라 확신했다. 실제로 중앙정보부가 정권 유지를 위해 꾸며낸 사건이라는 것을 훗날 모두가 알게 되었다. 이는 41년 후 재심에서 무죄로 선고된 사건이다. 하지만 그때 가족이 겪은 고통과 수모는 이루 말할 수 없다.

내가 시무하던 도농교회 성도들 또한 큰 충격을 받았다. 부임한 지 7개월밖에 되지 않은 목사의 동생이 간첩으로 발표되었으니 교회가 요동칠 만도 했다. 그러나 감사하게도 교인들은 나를 신뢰했다. 그들은 "우리 목사는 그런 사람이 아니니 동생이 그럴 리가 없다"고 하며 나를 믿어 주었다. 그들의 사랑과 믿음 덕분에 나는 다시 목회의 길에 굳게 설 수 있었다.

재판이 열렸을 때, 동생은 검사의 조작된 진술서를 단호히 부정하며 진실을 담대하게 증언했다. 그러나 유신 정권의 지배를 받은 재판부는 검사의 공소를 그대로 받아들여, 결국 1심에서 15년, 2심과 대법원에서 징역 7년이 확정되었다. 아무 죄 없는 청년의 삶을 송두리째 무너뜨린 참혹한 판결이었다.

그 후 1979년 10월 26일 박정희가 암살되고 20여 일 뒤, 동생은 투옥된 지 4년 6개월 만에 석방되었다. 만일 그가 실제로 간첩이었다면, 정권이 바뀌었다고 해서 이렇게 쉽게 풀려날 수 있었겠는가. 결국 40여 년이 지난 2017년, 재심을 통해 무죄 판결이 내려졌고, 마침내 동생은 누명을 벗었다. 20대의 청년이

60대의 노인이 되어 억울한 이름을 지운 것이다. 그러나 그 잃어버린 세월을 누가 보상해 줄 수 있겠는가.

그 긴 세월 동안 심한 고문으로 몸과 마음이 상했음에도 지금까지 건강하게 지내는 동생을 보면, 하나님의 놀라운 보호하심을 느낀다. 나는 그가 남은 생을 주님과 동행하며 자신이 평생 꿈꾸어 온 민족 복음화와 민주화 그리고 평화통일의 사명을 끝까지 감당하기를 기도한다.

도농교회에서 강남교회로 떠나며, 한 달의 여유를 가지다

도농교회에서 사역한 지 만 4년이 되었을 무렵, 나는 평생을 섬기게 될 강남교회의 청빙을 받았다. 그러나 지금까지 온 마음을 다해 돌보아 온 도농교회가 흔들림 없이 이어지도록 하기 위해, 후임 목회자가 정해진 뒤에 떠나는 것이 옳다고 생각했다. 그동안 교회를 내 생명처럼 여기며 섬겨온 터라, 교역자 없이 교회를 비워 두는 일은 나의 양심이 허락하지 않았다.

먼저 당회에 교회 이임 의사를 전하며 "그동안 목회에 협력해 주신 것에 감사드립니다. 교회를 떠나게 되어 죄송합니다"라고 말씀드리자, 장로님들이 모두 만류하며 떠나지 말아 달라고 간곡히 요청했다. 그러나 이미 마음을 정했기에, "부디 이해해 주십시오"라고 할 수밖에 없었다.

이후 제직회에 보고하자, 제직들은 "절대 안 됩니다"라며 항의했고 여기저기서 흐느낌이 새어 나왔다. 마치 가족의 이별처럼 교회 안은 깊은 슬픔에 잠겼다.

나는 그때까지만 해도 교회를 떠나는 일을 그리 심각하게 생각하지 않았다. 목사가 떠나면 또 다른 좋은 목회자가 와서 잘 이끌면 된다고 생각했다. 그러나 성도들의 마음은 달랐다.

어느 날부터 성도들이 조를 짜서 우리 집을 찾아오기 시작했다. "목사님, 떠나지 마세요"라며 문 앞을 지키는 분들도 있었다. 일종의 농성 아닌 농성이었다.

그때 나는 비로소 깨달았다. 목사는 교회를 떠나기로 했으면 바로 떠나야 한다는 것을…. 후임자를 정해주고 교회를 안정시킨 뒤 떠나겠다는 내 생각은 사실상 월권이었다. 이미 떠나기로 마음을 정한 목사는 그 교회의 성도들에게 '자신들을 버리고 가는 사람'으로 비칠 수밖에 없었다. 그런 상태에서 "한 달 동안 교회를 위해 돕겠다"는 생각은 헛된 착각이었다.

결국 나는 월요일마다 기도원에 올라가 기도하고, 토요일에 내려와 주일 예배를 인도하는 일을 4주간 반복했다. 그 사이 아내는 성도들의 방문과 눈물 섞인 호소를 감당하느라 마음고생이 컸다.

시간이 길어지자 사랑이 미움으로 바뀌기 시작했다. "우리가 이렇게까지 하는데 어떻게 떠날 수 있느냐"는 원망의 말도 들렸다. 어떤 분은 "우리 교회에서도 못 있게 하고, 저 교회에도 못 가게 하겠다"며 노회에 문서를 제출하겠다고도 했다. 심지어 "사례금을 더 받기 위해 떠난다더라"는 오해 섞인 소문까지 퍼졌다.

나는 그때 내 판단이 잘못되었음을 인정할 수밖에 없었다. 교회를 안정시키고 떠나겠다는 선의가 오히려 교회를 너 어렵게 만들었기 때문이다. 후임자를 정하지 못한 채 시간이 흘렀고, 결국 교인들은 내가 추천한 목사를 받아들이지 않았다. 청빙은 계속 공전했고, 교회는 혼란스러웠다.

다행히도 이후 총회 교육원에서 사역하시던 훌륭한 선배 목사님이 부임하셨고, 그 소식을 들었을 때야 비로소 마음이 조금 놓였다. 그때 나는 깊이 깨달았다. 목회자는 떠날 때를 분명히 알아야 한다는 것 그리고 사랑의 마음으로 머무르려는 미련이 때로는 교회를 더욱 힘들게 할 수 있다는 것….

그 뒤로 나는 어느 교회에서든 이임의 시점이 오면 미련 없이, 그러나 감사한 마음으로 뒤돌아보지 않으려 했다.

이별의 아픔 속에서도 하나님의 뜻은 언제나 더 나은 길로 우리를 이끌어 가신다는 사실을 그때 비로소 배웠다.

강남교회로 옮긴 뒤
직전 교회의 장로가 협박 편지를

도농교회에서 만 4년을 목회하면서, 온 교회가 나를 신뢰하고 사랑해 주어서 목회에 큰 기쁨을 느끼며 행복한 목회를 하였다. 내가 부임한 지 3년이 되었을 때 우리 교회가 속한 경기노회에서 목회자의 사례비에 대한 결의를 하고 각 교회가 그 결의를 지키도록 공문을 보내왔다. 그때 우리 교회는 목회자의 사례비를 14개월을 주고 1년에 두 번씩 사례비를 더 주는 제도였다. 그런데 노회에서 17개월로 하고, 상여금을 3개월에 한 번, 1개월의 사례비를 더 주도록 하며, 1개월의 사례비는 퇴직 적립금으로 따로 적금하도록 권면하는 공문을 보내온 것이다.

나는 이 사실을 연말 당회에서 설명하고 노회의 권면을 받아 안건으로 제안하였다. 그런데 장로 가운데 한 분이 문제를 제기하는 것이 아닌가. 나로서는 우리 교회가 내가 오기 전에는 재정

형편이 어려웠지만 다행스럽게 내가 온 다음부터는 재정이 풍부하게 되어 될 수 있으면 노회의 제안을 받아들일 것으로 생각했는데, 그 장로의 발언으로 화기애애하던 당회의 분위기가 그만 냉각되고 말았다.

그 장로는 서울의 모 대학의 식품영양학 교수였는데, 식품영양학 공부를 하기 전에 우리 교단의 신학교인 한국신학대학에서 신학을 3년 공부하고 다른 대학의 식품영양학으로 전과해서 일본에서 이학박사가 되었고 대학 교수까지 되신 분이었다. 그리고 후에 한신대에 복학하여 공부한 다음 목사안수를 받고 서울노회에 교회까지 개척해서 목회와 식품영양학 교수를 겸하여 하신 아주 헌신적인 분이었다. 이분은 참 좋은 분이고 항상 목회자에게 배려를 잊지 않는 분이었다.

그런데 연말 당회에서 목사 상여금 문제가 나오자, 그분은 자기도 목회를 해 보았지만 목회자의 사례금을 16개월 주는 것은 보지 못했고, 또한 무슨 퇴직금이 있느냐는 식으로 말하면서 다른 장로님들에게 주변 교회의 사례를 각각 알아 보고 다음 주에 논의하자고 말하였고, 결국 폐회하게 되었다. 나는 꼭 그렇게 받고 싶어서 제안한 것이 아니라 노회에서 결의한 것이고, 또 우리 교회가 70여 년의 역사를 가지고 있는데, 나뿐 아니라 다음의 목회자에게도 대우를 적당히 해야 한다는 생각에서 제안한 것인데, 이렇게 심각한 사태로 비화될 줄은 꿈에도 생각하지 못한 일이 벌어지고 말았다.

　나의 짧은 생각 때문에 교회의 분위기가 좋지 못하게 냉각되고 말았다. 그다음 주일에 연말 당회의 속회가 열리자, 그 장로가 제안하기를 노회의 제안을 받아들이자고 하였고 당회원이 한마음으로 그것을 결정하였지만, 나는 마음이 찜찜해 그리 기쁘지 못하였다. 그래서 나는 노회의 제안이지만 성급하게 제안한 것에 대한 유감의 뜻을 표하고 없던 일로 하자고 하였다. 그때 모든 당회원이 기쁨으로 합의했으니 그냥 넘어가자고 했고, 그 일은 그냥 지나가게 되었다.

　그 후 몇 개월이 지나 4월에 나는 강남교회에서의 청빙을 받고 광고 시간에 교회를 떠나게 되어 죄송하다고 말했는데, 당회원들을 비롯한 전 교인이 자기들을 버리고 떠나냐며 야단이었다. 나는 좋은 후임자를 세우고 떠나기 위해 퇴임 광고를 한 후 1개월 정도의 기간을 두고 후임자를 찾을 작정이었다. 하지만 그것은 순전히 나의 생각이었고, 교인들은 조를 짜서 매일 사택에 와서 울고 불고 난리를 꾸미는 것이 아닌가.

　교인들은 계속해서 스트라이크를 하는데, 장로들은 자기들을 버리고 떠난다는 배신감 때문인지 냉정해지기 시작했고, 회계집사가 지난해부터 퇴직 적립을 한 한 달 사례금과 송별금을 가지고 왔다. 나는 회계집사에게 교회의 목회자에 대한 퇴직금은 일반적으로 퇴직할 때의 연봉을 12개월로 나눈 다음에 근무 연수를 곱하는 것이 정상적인 퇴직금인데 나는 이대로 좋으나 다음에 오는 목회자들에게는 정상적인 퇴직금을 주도록 하라고 장로님들께 전해달라고 당부하면서, 그 1개월분을 가져온 퇴직금과 송별금의 반설을 떼어 삼사 헌금으로 교회에 드리고 떠나오게 되었다.

그런데 문제는 내가 떠나온 다음 주일에 제직회를 열고 그 교수를 하는 장로가 말하기를 "전 목사는 돈을 더 받으려고 시내 교회로 떠났고 퇴직금도 더 받아 갈려고 하는 등 그는 돈만 아는 목사다"라고 비난했고, 다른 장로들도 거기에 동조하면서 교회에서 나에 대한 사랑이 분노로 바뀌어 분위기에 어수선했다고 전해 듣게 되었다. 자기들과 자기 교회를 버리고 떠난 목사에 대한 배신감이 이렇게까지 되는 것을 보면서, 교회에 대한 실망감이 우리 내외의 마음을 너무 괴롭게 하였다. 그리고 며칠 후에 부임한 강남교회로 두꺼운 편지 하나가 도농교회에서 왔는데 열어보았더니, 그것은 무시무시한 협박 편지였다.

그는 나를 삯꾼 목자라고 하며 "봉급을 더 받으려고 노회를 핑계 대면서 상여금을 올리려 하고, 또 퇴직금까지 챙기려는 파렴치한 삯꾼 목사 당신은 거짓 목자요, 돈만 알다가 돈 때문에 돈으로 망할 것이다"라고 저주를 퍼부었다. 그 다섯 장의 편지는 내가 들어보지 못한 악담을 늘어놓았다.

나와 같이 4년 동안 그렇게 사랑을 나눴던 성도가 어떻게 이럴 수가 있을까? 우리 내외는 너무 가슴이 아파 견딜 수가 없었다. 누가 이렇게 남의 가슴에 대못을 박을까 생각하면서 그 사람이 누구인지 찾기 시작하였다. 결국 그 사람을 찾았는데, 교수 장로가 자기 대학의 명칭이 있는 부분은 잘라내고 그 편지지로 협박 편지를 보내온 것이었다.

나는 그분이 제직회에서 그 야단을 치더니 결국에 분노를 이기지 못하고 협박 편지까지 쓰게 되었다고 생각하니, 걷잡을 수 없는 자괴감에서 헤어 나올 수가 없었다. 그렇게 공부도 많이 하고 인격도 훌륭한 줄로만 알았던 그 장로가 이런 짓을 하다니, 나는 인간에 대한 실망감에서 몇 날 며칠을 괴로워 견딜 수가 없었다. 그 뒤에 그분이 미국으로 이민 가면서 나에게 만나자고 해서 만났으나, 이에 대한 사과는 없었고 그저 일반적인 이야기만 하고 헤어지게 되었다. 이런 것을 보면서 목사는 어떤 경우에도 자기의 대우에 대한 말은 해서는 안 된다는 큰 교훈을 얻고 평생 그 원칙을 지키려고 노력하며 살았다.

Chapter 6

평생의 목표, 현장,
강남교회에서의 사역

강남교회에 부임했을 때의
교회 모습

강남교회는 이름과 달리 '강남'에 있지 않았다. 서울의 서쪽, 한강 남서쪽에 자리한 교회였다.

강남이 본격적으로 개발되던 1970년대보다 훨씬 이른 1960년대에 상서 지역은 이미 개발이 이루어졌지만, 내가 부임하던 시기에는 오히려 낙후된 지역으로 변해 있었다. 교회 주변은 단독주택이 밀집해 있었고, 동네의 분위기가 구시가지로 바뀌어 가던 때였다.

2010년 7월 22일 새벽 6시 30분, 나는 강남 코엑스에서 열린 제42회 국가조찬기도회에서 설교를 맡았다. 3,500여 명이 참석한 자리였다. 예배를 마친 후 조찬 시간에 이명박 대통령이 순서 담당자들과 함께 헤드테이블에 앉아 식사하며 나에게 물었다. "어떻게 그 지역의 교회 이름이 '강남교회'입니까?"

나는 웃으며 답했다. "강남이 개발되기 전에는 그곳도 한강 남쪽이라 '강남교회'라 불렸던 것 같습니다."

교회는 도로 하나를 사이에 두고 강서구 화곡동과 양천구 신월동이 갈리는 지점에 있었다. 내가 부임할 당시에는 아직 양천구가 분리되기 전이었고, 이후 강서구에서 양천구가 새로 분구되었다. 화곡동과 신월동 모두 서울의 변두리로, 당시에는 도시화의 혜택이 미치지 못한 지역이었다.

1968년 5.16 군사 정부 시절, 서울에 본격적인 아파트 건설이 시작되었을 때, 우리 교회 인근에 지어진 13평형 화곡아파트의 기공식에는 박정희 대통령이 직접 참석하기도 했다.

그 시절 화곡동은 서울에서 가장 먼저 개발된 지역 중 하나였으며 불광동, 수유동, 마포구 창천동과 함께 단독주택과 소형 아파트 단지가 들어서던 곳이었다.

내가 부임했을 당시 지역은 이미 노후해 있었고, 교회 주변은 서민 주택이 빽빽이 들어서 있었다.

우리 교회는 김준부 목사 시절에 대지 208평을 확보했고, 김용원 목사 시절에 87평 규모의 예배당을 건축하여 비록 작지만 선교의 기반을 마련했다. 성도들은 '우리 힘으로 이룬 교회'라는 자부심을 지니고 있었고, 그만큼 교회에 대한 애착도 깊었다.

그러나 현실적인 어려움도 적지 않았다. 교회당은 작고 화장실조차 마련되어 있지 않았다. 건축 당시 인부들이 사용하던 패널로 엮은 임시 화장실을 그대로 사용하고 있었고, 울타리도 없어 예배 당만 덩그러니 서 있었다.

목회자 사택도 마련되지 않아 내가 부임한다는 소식에 성도들이 전세 자금을 마련하기 위해 헌금을 모으는 형편이었다. 도농교회 시절에도 화장실이 없어 불편했는데, 이곳 역시 다르지 않았다. 그럼에도 나는 시설의 부족을 문제로 여기지 않았다. 환경이 어떠하든 주어진 자리에서 최선을 다하는 것이 내 목회의 원칙이었다.

전임 목회자 시절 교회에는 청장년이 가장 많이 모였을 때 104명 정도였다고 한다. 내가 부임한 첫 주일(1975년 5월 첫째 주일)에는 80여 명이 예배에 참석했다. 목회자가 공석이던 기간을 생각하면 자연스러운 일이었다. 그중 청년은 약 20명 정도였는데, 매우 활발하게 활동하고 있었다.

그들을 지도하던 담당 장로의 열정이 청년들에게 큰 동기가 되었고, 그 에너지는 교회학교에도 이어졌다. 중고등부는 약 50명, 어린이 주일학교는 80명 정도로, 교회 전체가 젊은 활기로 가득했다.

당시 교회에는 장로가 두 분 계셨다. 두 분 모두 개척의 주역으로서 헌신적인 분들이었다. 그러나 성품은 크게 달랐다. 한 분은 기도를 많이 하고 신앙 안에서 성도들을 인도하려는 경건한 분이었다.

반면 다른 한 분은 매우 자유로운 성품으로, 술과 담배도 거리낌

없이 하셨다. 그분은 청년들과 성도들을 자주 집으로 초청해 음식을 대접하고 자유로운 교제를 즐겼다. 그의 부드럽고 열린 태도는 많은 사람들에게 매력적으로 다가왔고 전통적인 교회의 엄숙함보다 더 인간적이라 느끼는 이들도 있었다. 그분은 지성인과 젊은 세대에게 특히 인기가 많았다. 부인 또한 너그럽고 품격 있는 분으로, 이웃을 대접하기를 즐기는 따뜻한 사람이었다.

만약 그분들이 그 너그러움과 열정을 교회를 세우는 일에 집중했다면, 교회는 더 큰 에너지를 얻었을 것이다. 하지만 그들은 자신들의 방식으로 교회를 섬겼고, 절제되지 않은 자유로 인해 교회가 '과잉 친교'라는 함정에 빠지기도 했다. 결국 이런 차이가 교회 안에 갈등의 불씨가 되었다.

그분의 자유분방한 신앙관은 이미 하나의 철학처럼 자리 잡고 있었기에, 그것을 바꾸는 일은 쉽지 않았다. 나는 여러 차례 대화를 시도하며 그분의 장점을 교회의 힘으로 바꾸려 노력했다. 그러나 그를 따르는 이들이 적지 않았고, 그들 또한 자신들의 신앙 형태를 바람직하다고 여겼다.

그렇게 나는 교회의 복잡한 문제를 안고 목회를 시작했다. 마치 무거운 짐을 지고 가파른 산등성이를 오르듯, 모든 것을 주님께 맡기며 한 걸음씩 걸어갔다. 그 길의 시작은 참으로 고된 도전이었다.

부임 1년 후,
교회에 나타난 괴물

강남교회에 부임한 후 교회 안에는 여러 우여곡절이 있었다. 그 중심에는 교회에서 가장 영향력 있던 한 장로가 있었다. 그를 중심으로 많은 성도들이 모였는데, 그들의 만남은 주일 예배 후로 끝나지 않았다. 거의 매일같이 모여 교제하며 "교회는 코이노니아, 참된 친교가 있어야 한다"고 말하곤 했다. 그리고 그 말처럼 그들은 정말 끈끈한 공동체를 이루고 있었다.

그 모임은 늘 웃음과 온기로 가득했다. 장소를 제공하던 장로 부부는 누구보다도 넉넉하고 포용력 있는 사람들이었다. 언제나 정성껏 음식을 마련했고 찾아오는 이를 따뜻하게 맞이했다. 성도들은 그들의 너그러움에 감동했고, 그 집은 교인들의 쉼터와 같았다. 남을 대접하는 그들의 모습은 분명 귀한 은사였다.

그 모임에는 교회의 이른바 '엘리트층'과 대부분의 청년이 함께

했다. 사람들은 그 모임을 두고 "교회 안의 또 다른 교회"라고 말했다. 나 역시 몇 차례 참석했는데, 그들의 헌신적인 섬김과 따뜻한 교제는 존경할 만했다. 그러나 그 모임에는 한 가지 심각한 문제가 있었다.

냉장고에서 맥주를 꺼내 마시거나 담배를 피우는 이들이 있었던 것이다. 내가 있을 때는 자제했지만, 내가 없을 때는 주초가 자연스러운 분위기로 받아들여지고 있었다.

청장년 80여 명 중 절반 가까운 40~50명이 그 모임에 속해 있었으니, 그 영향력이 교회 전반에 미칠 수밖에 없었다. 신앙의 자유를 넘어선 '세속적 친교'가 신앙의 중심이 되는 듯한 모습에 나는 깊은 고민에 빠졌다.

반면 다른 한 장로는 전혀 다른 길을 걷고 있었다. 그는 그 모임에 참여하지 않고 기도와 말씀에 전념하며 경건을 지키려 애썼다. 교회 대지를 마련할 때 헌금의 절반 이상을 감당했던 헌신적인 분이었다. 그는 새벽마다 눈물로 교회의 거룩함이 회복되기를 기도했고, 그 곁에는 몇몇 연로한 성도만이 조용히 동참했다.

나는 주초의 문제를 구원의 조건으로 보지는 않았다. 그러나 교회가 '친교'라는 이름 아래 세속적 풍조에 물드는 것은 결코 옳지 않았다. 나는 하나님께 지혜를 구하며 이 문제를 어떻게 다뤄야 할지 깊이 고민했다.

그사이에도 새로운 성도들이 교회에 들어왔고, 사회적으로 안정된 이들은 오히려 그 자유로운 분위기를 '열린 문화'로 여기며 호의적으로 바라보았다.

그렇게 시간이 흘러 부임 1년이 되어 가던 1980년 4월 19일, 교회 창립 10주년 기념 주일을 맞이했다. 예배 후 구역별로 음식을 나누며 잔치를 열었고, 모두가 즐겁고 평화로웠다. 준비를 주도한 이들이 평소에도 친교 행사를 잘 치르던 터라 잔치는 흠잡을 데 없었다. 그런데 식사 중 한 남집사가 웃으며 소리쳤다.

"10년 된 감주가 있습니다! 강단 앞에 두었으니 마시고 싶은 분은 나오세요!"

사람들은 호기심에 웃으며 강단 앞으로 모여 잔을 들었다. 그때 아내가 내게 다가와 조용히 말했다.

"감주가 아니라 막걸리예요."

나는 놀라 강단 쪽을 바라보았다. 정말로 강대상 옆에 막걸리 항아리가 놓여 있었고, 성도들이 잔을 들고 있었다. 아무리 자유로운 교회라 해도 예배당 안에서 이런 일이 일어날 수는 없었다. 나는 즉시 관리집사를 불러 "저 막걸리를 교회 옆 신 집사 댁으로 옮기라"고 지시했다. 정 마시려거든 교회 밖에서 마시라는 뜻이었다. 그날 나는 깊이 깨달았다. 교회가 친교에만 치중하면 결국 교회의 본질을 잃게 된다는 것을….

미국 풀러신학교의 도널드 맥가브란 박사는 교회 쇠퇴의 원인 중 하나로 '개척자 주도형 구조'와 '친교 과잉'을 지적했다. 핵심 인물들이 교회를 사적인 교제의 장으로 만들면, 새로 온 이들이 신앙 안에서 뿌리내릴 공간을 잃게 된다. 교회는 본질적으로 '은혜의 공동체'이지, '사람 중심의 친교 집단'이 아니기 때문이다.

그날 저녁, 나는 임시 당회를 소집했다.

"오늘 점심 잔치에서 있었던 일을 어떻게 처리해야 하겠습니까?"

그들과 함께 하던 장로 한 분은 "그런 일이 있었습니까? 앞으로 조심하면 되겠지요"라고 말했다. 그러나 다른 한 장로는 단호했다. "교회에서 그런 일을 주도한 자를 반드시 치리해야 합니다."

나는 양측의 의견을 조율하며 제안했다.

첫째, 교회의 모든 공식 모임에서는 주초를 금한다.
둘째, 이번 일은 한 번의 실수로 보고 불문에 부친다.
셋째, 이 결정을 모든 제직에게 알리고, 함께 신령한 교회를 세워가자.

당회원들은 제안을 받아들였고, 우리는 하나님께 감사의 기도를 드렸다.

그러나 그날의 일은 끝이 아니었다. 그 사건은 교회 안에 서서히 모습을 드러낼 보이지 않는 괴물의 예고편이었다. 겉으로는 웃음과 친교로 포장되어 있었지만, 그 안에는 교회의 생명력을 좀먹는 세속의 그림자가 자라나고 있었다.

그때 나는 아직 몰랐다. 그 괴물이 얼마나 교묘하게 교회의 중심을 흔들게 될지를….

깊은 수렁 속에서도
꺼지지 않은 불빛

창립 10주년 기념 예배와 잔치를 마친 뒤, 교회 안에는 서서히 눈에 보이지 않는 균열이 생겨나기 시작했다. 친교 중심의 장로를 중심으로 몇몇 교인들이 잦은 모임을 갖기 시작했고, 그 모임은 점점 결속력을 더해 갔다. 그러던 어느 날부터 일부 청년들이 담임목사를 비난하는 전단지를 만들어 주일마다 배포하기 시작했다.

그들은 무리를 지어 다니며 나를 보면 고개를 돌리거나 냉랭한 시선을 보냈다. 헌금을 중단한 이들도 생겨났고, 그 수는 점점 늘어나 마침내 50명이 넘는 이들이 하나의 세력을 이루었다. 그들은 사회적으로도 유능하고 직장과 가정에서도 인정받는 이들이었다. 그러나 그들이 한마음으로 뭉치자, 교회는 마치 정치적 결사체처럼 변해 갔고, 목회의 길은 점점 더 거칠어졌다.

그럼에도 감사한 것은 교회를 위해 조용히 기도하며 눈물로

협력하는 성도들이 여전히 있었다는 사실이었다. 그들은 비난의
소리에 맞서 싸우기보다 기도의 무릎으로 교회를 붙들었다.

특히 한 장로님은 언제나 내 손을 꼭 잡으며 말씀하셨다.

"목사님, 흔들리지 마십시오. 하나님이 함께하십니다."

그 한마디가 폭풍 속의 등불처럼 내 마음을 지켜 주었다.

그 무렵, 매월 첫째 주일에 열리는 제직회에서 잊지 못할 일이
있었다. 한 여집사가 발언권을 얻어 말했다.

"예수님은 선한 목자이시기에 잃은 양 한 마리라도 찾아 나서십니다.
그런데 우리 담임목사님은 사랑이 없으시니, 목자의 자격이 없다고
생각합니다."

나는 마음속으로 '참아야 한다'고 되뇌었다. 그러나 그녀는
십여 분 넘게 일방적인 비난을 이어갔고, 결국 나도 모르게 목소리
가 높아져 "이제 그만하십시오"라고 제지하고 말았다.

순간 회의장은 얼어붙었다. 여집사는 벌떡 일어나 문을 쾅
닫고 나갔고, 뒤이어 몇몇 제직들도 따라 나갔다. 회의장은 순식간
에 아수라장이 되었다. 그날 이후 교회는 더욱 깊은 수렁 속으로
빠져드는 듯했다.

다음 날 아침, 그 여집사의 남편에게서 전화가 걸려 왔다.

"목사님, 아내가 몸이 좋지 않으니 와서 기도해 주시겠습니까?"

혹시 어제의 일로 마음이 다친 것은 아닐까 염려되어 서둘러 그 집으로 향했다. 남편은 교회에 출석하지 않는 분으로, 이름 있는 출판사의 전무이사였다. 그러나 내가 문을 열고 들어서자, 그는 갑자기 내 멱살을 붙잡으며 분노에 찬 목소리로 외쳤다.

"내가 아내에게 한 번도 큰소리친 적이 없는데, 당신이 무슨 자격으로 그녀에게 소리를 지른단 말이오!"

그러고는 발로 내 가슴을 거듭 차며 분노를 쏟아냈다.
고등학교를 졸업한 이후 나는 그 누구와도 몸싸움을 해본 적이 없었다. 순간 '이대로 주먹을 써야 하나' 하는 생각이 스쳤지만, 곧 마음을 다잡았다.

"나는 목사다. 예수님께서도 멸시와 수모를 당하셨는데, 주의 종인 내가 분노로 맞서서야 되겠는가."

나는 그의 손을 조용히 떼며 말했다.

"죄송합니다. 돌아가겠습니다."

그렇게 말하고 그 집을 나섰다. 돌아오는 길, 가슴이 먹먹했고 눈물이 하염없이 흘렀다.

"목회의 길이란 이렇게 외롭고 험한 것인가…."

그날 이후 나는 결심했다. 어떤 상황에서도 감정으로 대응하지 않고 오직 하나님 앞에 무릎 꿇는 일만 하리라고….

며칠 뒤, 나를 위해 기도하던 장로님과 함께 오산리 금식기도원으로 향했다. 교회의 아픔을 품고 일주일 동안 금식하며 기도하기 위해서였다.

그곳에서 하나님께서 내게 깨닫게 하신 것은 단순하지만 깊은 진리였다.

"이 모든 일은 네가 단단해지도록 내가 허락한 훈련이다."

그때 나는 비로소 목회가 '십자가의 길'임을 온몸으로 느꼈다. 인간의 말이나 논리로는 아무것도 해결할 수 없었다. 오직 무릎 꿇고 하나님께 부르짖는 일, 그것이 목회의 시작이자 끝이었다.

그 시절의 고통은 내게 깊은 흔적을 남겼다. 그러나 그 상처

속에서 나는 목회의 본질을 배웠다. 목회는 사람을 변화시키는 일이 아니라, 먼저 나 자신이 하나님의 손에 의해 변화되는 길임을…. 그 깨달음이 오늘도 내 마음속에서 꺼지지 않는 불빛처럼 타오르고 있다.

밤 1시에 사택을 찾아온 남집사들

새벽 5시에 새벽 기도를 인도해야 했던 나는 평소처럼 밤 10시 이전에 잠자리에 들었다. 그러나 그날은 유난히 피곤한 하루였다. 낮에는 교회 창립 10주년 잔치를 치렀고, 저녁에는 그 일로 임시 당회를 열어 여러 논의를 해야 했다. 모든 일이 끝난 뒤 간신히 잠이 들었는데, 새벽 1시쯤 문을 두드리는 소리가 들려왔다.

문을 열어보니 남집사 스무 명 남짓이 서 있었다. 모두 얼굴이 상기된 채로 나를 향해 거칠게 항의했다.

"목사님, 막걸리 한 잔 마신 게 무슨 큰 죄입니까? 그 일로 임시 당회를 열고 우리를 죄인 취급하시면 됩니까?"

그들의 목소리에는 분노와 억울함이 섞여 있었다. 낮의 일을

문제 삼은 나의 조치가 그들에게는 모욕처럼 느껴졌던 모양이었
다. 그들은 거의 밤새도록 말을 쏟아냈다.

"이런 목사와는 함께 일할 수 없습니다."

그리고는 한결같이 집사직 사표를 내밀었다. 그들의 손에는
이미 사직서가 준비되어 있었고, 공기는 싸늘하게 얼어붙었다.

그들은 대부분 사회적으로도 존경받는 사람들이었다. 각자
회사에서 이사나 부장, 과장으로 일하며 성실하게 살아가는 이들
이었다. 그들의 얼굴을 바라보며 나는 조용히 말했다.

"여러분, 곧 출근하셔야 할 텐데… 이렇게 늦은 시간까지 마음 쓰게
해서 미안합니다."

나는 그들의 사표를 조용히 돌려주며 말했다.

"이 일은 다음에 다시 이야기합시다."

그 말에 그들의 얼굴이 조금 누그러지는 듯했다.

아마 내가 그 자리에서 언성을 높이거나 변명으로 맞섰다면,
그 밤은 싸움으로 끝났을 것이다. 하지만 미안하다는 한마디가

그들의 마음을 누그러뜨렸고, 그들은 결국 말을 멈추고 돌아갔다. 그 후로 교회는 마치 살얼음판 위를 걷는 듯했다.

예배당은 예배의 장소라기보다 긴장과 불안이 감도는 전쟁터 같았다. 그동안 교회는 8년 반 동안 네 명의 교역사가 거쳐 간 곳이었다. 평균 재임 기간이 겨우 1년 8개월 남짓이었는데, 내가 부임한 지 1년이 조금 넘은 시점에 이런 일이 벌어졌으니, '나는 목사로서 그 평균에도 못 미치는 사람인가' 하는 자책이 들기도 했다.

청년들은 매주 예배 후 '교회 소식'이라는 이름의 유인물을 만들어 배포했는데, 그 안에는 나를 향한 비난이 담겨 있었다.

"목사님은 너무 보수적이다."
"사랑이 없다."
"포용력이 부족하다."

그 말들은 한 주일로 끝나지 않고 매주 이어졌다. 새로 오던 교인들은 하나둘씩 교회를 떠났다.

그때의 우리 가족은 마치 외딴섬에 고립된 사람들처럼 외로웠다. 그러나 시간이 지나면서 나는 그 청년들의 말 속에도 어느 정도 진실이 담겨 있음을 인정하지 않을 수 없었다.

먼저 "보수적이다"라는 말은 일정 부분 사실이었다. 나는 어려

서부터 교회 안에서 자라며 하나님 중심의 삶을 삶의 근간으로
삼았다. 어머니의 손에 이끌려 교회에 다니며 예배에 빠지는 일이
없었고, 시간이 나면 교회로 달려가 봉사할 일을 스스로 찾아서
했다. 부흥회가 열리면 단 한 시간도 빠지지 않고 참석했고, 때로는
다른 교회의 부흥회에까지 나가 일주일을 머물기도 했다. 내 인생
은 언제나 교회와 함께 있었고, 주님을 기쁘시게 하는 것이 삶의
전부였다.

그러나 한신대학교에서 신학을 배우며 나는 스승들을 통해
새로운 시야를 얻게 되었다. 그분들은 예수 그리스도의 시선으로
세상을 바라보는 법을 가르쳐 주셨고, 정의와 평화를 향한 하나님
의 뜻을 현실 속에서 실천하는 길을 보여주셨다. 그 배움은 내
신앙의 뿌리를 더 깊게 만들었지만, 동시에 나의 사고를 더 단단하게
만들었다. 그 단단함이 때로는 '보수'로, '융통성 없음'으로 비춰졌을
지도 모른다.

또 "사랑이 없다"는 말도 전혀 틀린 말은 아니었다. 돌이켜보면
그 시절 내 마음에는 사랑이 넉넉하지 않았다. 그래서 그때 이후로
나는 평생 하나님께 이렇게 기도하게 되었다.

"주님, 제게 사랑의 은사를 부어 주소서."

내게 사랑이 부족함을 알았기에, 그 부족함이 내 평생의 기도가

되었다.

예수님께서는 가난하고 병든 이들, 세상에서 소외된 이들에게 먼저 손을 내미셨다. 그분의 사랑을 닮기 위해 나 또한 그렇게 살고자 애썼다.

바울은 고린도전서 13장에서 "믿음, 소망, 사랑, 이 세 가지는 항상 있을진대 그중 제일은 사랑이라"고 말했다. 믿음이 신앙의 뿌리라면, 사랑은 그 뿌리에서 피어나는 꽃이다. 나는 그때부터 목회의 방향을 언제나 '믿음, 소망, 사랑'의 균형 위에 두려 애썼다.

마지막으로 "포용력이 부족하다"는 말 역시 부정할 수 없었다. 그때의 나는 아직 젊었고 마음의 폭이 넓지 못했다. 그러나 그 후로 나는 마음의 그릇을 넓히기 위해 부단히 노력했다. "주님, 나와 교제하는 이들이 내게서 위로를 얻고, 새 힘을 얻게 하소서"라는 기도를 입에 달고 살았다.

그렇게 조금씩 마음의 폭이 넓어지자, 교회 안에서뿐 아니라 노회와 총회 그리고 교회 연합의 자리에서도 더 넓은 시선으로 사람을 품을 수 있게 되었다. 지금도 완전하다고 할 수는 없지만, 그때의 상처는 내 영혼을 단련시키는 불길이 되었다.

교회의 아픔은 오랫동안 남았지만, 그 밤의 사건은 내게 분명한 깨달음을 남겼다. 목회는 진리의 엄격함만으로 세워지는 것이 아니라, 사랑과 인내의 품에서 자라나는 것임을.

그날 새벽 문을 두드리던 이들의 분노와 눈빛 속에서도, 나는 하나님께서 내게 주시려던 가르침의 단초를 보았다. 그 후로 나는 더 이상 '지켜야 할 교리'보다 '품어야 할 사람'을 먼저 보려 노력했다. 그것이 내 목회의 방향을 바꾸어 놓은, 잊을 수 없는 새벽이었다.

주류 세력 장로에 대한 치리

1980년 4월, 교회 창립 기념 주일 축제 이후부터 한 장로와 그를 따르는 무리가 점차 노골적으로 담임 목회의 방향에 이의를 제기하기 시작했다. 그들은 헌금을 눈에 띄게 줄였고, 새 신자들까지 자기편으로 끌어들이며 모임을 이어갔다. 청년들 사이에서는 여전히 담임목사를 비난하는 전단이 놓았고, 교회는 혼란의 소용돌이 속으로 빠져들고 있었다. 그들이 진정 바란 것은 교회의 성장이 아니라, 결국 내가 교회를 떠나는 것이었다.

그 상황에서 내가 할 수 있는 것이 많지 않았다. 다만 하나님께 무릎 꿇고 기도하는 일뿐이었다.

그럼에도 불구하고 감사한 것은 주일 예배마다 새 신자들이 꾸준히 늘었다는 점이었다. 청장년 출석 인원은 170여 명에 이르렀고, 헌금의 감소에도 불구하고 교회 재정은 크게 흔들리지 않았다. 그러나 교회 안의 공기는 언제 폭풍이 몰아칠지 모르는 살얼음판 같았다.

그 와중에도 우리 부부는 새 신자들을 심방하며 성도들을 돌보는 일을 멈추지 않았다. 문제의 장로와 대화를 시도하며 화해의 길을 찾으려 애썼다. 한번은 지방 근무 중인 장로를 직접 찾아가 1박 2일을 함께 보내며 마음을 풀어 보려 했지만, 끝내 벽은 허물어지지 않았다.

그들은 이미 오랜 세월 함께 뭉쳐 온 50~60여 명의 세력이었고 사회적, 경제적, 지적 기반이 탄탄한 사람들이었다. 나의 목회관과 그들의 신앙관 사이의 간극도 뚜렷했다. 나는 절제와 덕을 세우는 신앙을 강조했지만, 그들은 자유로운 신앙생활을 원하며 목사가 이를 이해해 주길 바랐다. 결국 대화의 길은 점점 좁아졌다.

이후 나는 또 한 장로님과 함께 기도원을 자주 찾았다. 새벽 기도와 철야 기도회에 참여하는 성도들이 늘어나면서, 교회는 기도의 불씨로 버텨나갔다. 그 기도가 내게는 무엇보다 큰 위로였다.

그러나 해가 저물 무렵, 이대로 새해를 맞을 수 없다는 생각이 들었다. 나는 교회법에 따라 문제 장로들을 징계할 수밖에 없다고 판단했고, 당회를 재판국으로 전환하여 절차를 밟았다. 결국 한 장로에게는 1년간 직무를 정지시키는 징계가 내려졌다.

연말 당회에서는 임기가 끝난 집사들 중 다섯 명(남 2명, 여 3명)을 새해 제직 명단에서 제외하기로 결의했고, 다음 해 첫 주일 예배에서 그 사실을 공식적으로 발표했다.

그 결정은 순식간에 교회 안팎을 뒤흔들었다. 파장은 노회로까지 번졌고, 교회는 마치 불길 위에 기름을 부은 듯한 혼란에 휩싸였다.

그 일은 나의 목회 여정에 깊은 그림자를 드리웠고, 외부 활동조차 제한되는 아픔으로 이어졌다. 징계 이후 나는 깊은 회한에 잠겼다.

교회법에 따른 결정이었지만, 그것이 공동체를 세우기보다 오히려 무너뜨릴 수도 있음을 그제야 절실히 깨달았다.

현대 교회에서 목사에게는 강제권이 없다는 사실, 권위란 직분에서 나오는 것이 아니라 신뢰에서 비롯된다는 사실을 마음에 새기게 되었다.

그 사건은 오래도록 교회에 상처로 남았다. 하지만 그 시간을 지나오며 나는 배웠다. 진정한 목회의 권세는 결코 징계나 제도에서 오지 않는다. 오직 사랑으로 그리고 기도로 세워지는 신뢰의 토대 위에서만 교회는 다시 일어설 수 있다는 것을….

담임목사 해약 청원서가
노회에 제출되다

목회자로서 평생을 살면서, '교인을 치리한다'는 일이 얼마나 신중해야 하는가를 그때처럼 뼈저리게 깨달은 적은 없었다.

모 장로에 대한 1년 정직 처분과 다섯 명의 집사를 새로 임명하지 않은 결정은 그들에게 큰 충격으로 다가왔던 것 같다. 이미 관계가 예민하게 틀어진 상황에서 그 조치가 내려지자, 그들은 본격적으로 나를 교회에서 몰아내기 위한 움직임을 시작했다.

그전까지만 해도 그들의 활동은 음성적이었다. 그러나 치리 이후에는 공개적으로 그리고 대외적으로까지 확산되었다. 마침내 그들은 노회에 담임목사 해약 청원서를 제출하기 위해 연서명을 받기 시작했다. 그들은 전 교인을 일일이 방문하며 서명을 받았고, 과거에 잠시라도 교회에 출석했던 이들까지 명단에 포함시켰다.

　그 연서명 운동은 마치 하나의 '목사 추방 캠페인'처럼 번져 나갔다.

　교단 헌법상 담임목사 해약 청원서는 무흠 입교인 과반수의 동의가 있어야 효력이 있다. 그러나 그들의 수는 과반에도 미지지 못했다. 그럼에도 불구하고 출석하지 않는 이들까지 이름을 올려 노회에 제출했으니, 절차적으로도 문제가 많았다.

　그 일이 소문이 되어 전국의 교회에 퍼져 나갔다.

　"어찌하면 목사에 대한 해약 청원서가 노회에까지 올라갈 수 있단 말인가?"

　사람들의 시선이 내게로 쏠렸다. 나는 감히 밖에 나서기가 어려웠다. 마치 목회를 전혀 하지 못한 사람처럼 낙인찍히는 듯한 수치심이 밀려왔다.

　사실 대부분의 교회에서는 담임목사 해약 청원서가 제출되기 전에 목사가 먼저 사임하거나 내부 분쟁으로 조용히 마무리되곤 한다. 그러나 이번 일은 노회의 공식 사안으로 비화되었다.

　내가 45년의 목회 세월을 돌아보아도, 노회까지 해약 청원서가 제출된 경우는 거의 보지 못한 일이었다.

　이 사태가 커지자, 교회를 사랑하는 성도들과 몇몇 제직이 나서서 대응 문서를 만들었다. 그들은 "담임목사를 유임시켜야 한다"는 유임 청원서를 만들어, 마찬가지로 무흠 입교인 과반수의 서명을 받아 노회에 제출했다.

그때부터 교회는 마치 서명과 날인의 전쟁터가 되었다. 서로 다른 문서를 들고 교인들의 집을 방문하며 서명을 받는 진풍경이 펼쳐졌다.

그 와중에 우리 집에서도 웃지 못할 일이 벌어졌다. 당시 우리 세 딸은 아직 어린 나이였는데, 큰딸은 초등학교 2학년, 둘째와 셋째는 초등학교에 들어가기 전이었다.

어느 날 보니 아이들이 큰 종이를 펴 놓고는 자기 이름과 동네 친구들의 이름을 적은 뒤, 손가락에 지장을 찍고 있었다. 아내가 깜짝 놀라 "이게 뭐니?" 하고 물었더니, 아이들은 아무렇지 않게 웃으며 "우리 아빠를 지켜야지!"라고 했다고 한다.

그 말을 듣고 나는 웃을 수가 없었다. 어린아이들이 교인들이 아버지를 몰아내려는 걸 어렴풋이 느꼈다면, 그것이 얼마나 깊은 상처가 되었을까 생각하니 마음이 미어졌다. 그 시절의 아픔 속에서도 세 딸이 밝고 바르게 자라 준 것이 지금도 그저 감사할 따름이다.

결국 노회는 '담임목사 해약 청원서'와 '유임 청원서'를 동시에 받아 난처한 입장에 놓였다. 논란 끝에 노회는 전권위원회를 구성해 이 사건을 다루기로 했다. 그때 나는 전권위원회 앞에서 '피고인'의 자리에 서게 되었다.

위원회는 교회법에 능통한 목사와 장로들로 구성되어 있었지만, 사건의 경위조차 충분히 파악하기 전에 "문제가 생겼으니 목사가 책임을 지고 사임하는 것이 최선"이라며 압박해 왔다.

그러나 나는 물러설 수 없었다. 교회를 바로 세우려면 근본석인 문제를 짚어야 하며, 단순히 목사를 내보내는 식으로는 아무 해결도 되지 않는다고 호소했다.

그 사건을 지나며 나는 교회 분쟁의 본질을 깊이 보게 되었다. 그 후 수십 년간 노회에서 유사한 문제들을 다룰 때마다 나는 늘 "목사를 내보내는 방식이 아니라, 근본적인 화해와 회복으로 가야 한다"는 원칙을 붙들었다.

그래서 서울남노회에서 맡은 모든 일에서도, 목사가 범죄하지 않은 경우에는 반드시 회복과 중재를 통해 문제를 풀고자 노력했다. 그 덕분에 내가 섬긴 노회는 오랫동안 큰 분쟁 없이 평안을 지킬 수 있었다.

서울노회 전권위원회는 그 사건으로 오랜 진통을 겪었다. 그러나 해결의 실마리는 쉽게 보이지 않았다. 그 과정에서 나는 교단 헌법과 목회자의 윤리를 근거로 끝까지 대응했고, 결국 서울노회는 지나치게 비대하다는 이유로 서울노회와 서울남노회로 분립되었다. 그 일은 내게 큰 상처였지만, 결과적으로 교회의 혼란이 한고비를 넘기는 계기가 되었다.

이 사건은 내 인생의 가장 깊은 골짜기이자, 동시에 하나님이 내게 주신 가장 큰 훈련의 자리였다. 사람의 판단이 아닌, 오직 하나님의 뜻만이 교회를 세우고 무너뜨린다는 사실을 그때 새겼다. 목회의 길은 언제나 외롭고 험하지만, 그 속에서도 하나님의 손길은 단 한순간도 나를 놓지 않으셨다. 그 덕분에 내가 섬긴 노회는 오랫동안 큰 분쟁 없이 평안을 지킬 수 있었다.

노회 분립으로 교회 문제는
해결의 방향을 잡아가게 되었다

교단이 태동하던 1953년 6월 이후, 서울에는 하나의 노회만 존재했다. 그러나 한강 이남 지역의 개발이 본격화되면서 교회 수가 급격히 늘어났고, 이에 따라 노회 분립의 필요성이 꾸준히 제기되었다. 마침내 노회는 한강을 경계로 하여 서쪽으로는 강서구, 동쪽으로는 강동구를 경계로 삼아 서울노회와 서울남노회로 나뉘게 되었다. 그렇게 1981년 가을, 서울에는 두 개의 노회가 공식적으로 출범하였다.

노회가 분립될 당시, 우리 교회의 문제는 아직 해결되지 않은 상태였다. 그래서 새로 출범한 서울남노회에서도 서울노회의 결정을 이어받아 전권위원회를 구성하였다.

전권위원회는 교회 내 분규를 해결하기 위해 노회가 특별히 세우는 기구로, 말 그대로 모든 권한을 위임받은 막강한 권위를 가진 위원회였다. 교회가 전권위원회의 지도를 받게 되면, 당회는 그 결정에 순응해야 했고 사실상 독자적인 기능을 할 수 없게 된다.

서울노회 시절 전권위원회는 내 말을 경청해 주었지만, 교회의 분쟁이 계속되는 한 담임목사에게 책임이 있다는 입장을 견지했다. 그럼에도 그들은 온건하고 신사적인 태도를 유지하며 강압적인 조치는 하지 않았다.

새로 구성된 서울남노회의 전권위원들은 대부분 목회중심적이고 신앙의 본질을 깊이 이해하는 분들이었다. 그분들은 내 목회적 진심과 아픔을 이해해 주었고, 나를 위해 기도하며 스스로 문제를 해결할 수 있도록 시간을 주었다. 그들의 배려 덕분인지 교회는 서서히 안정되어 갔고, 성도들의 모임도 점차 회복되며 은혜로운 분위기가 자리 잡기 시작했다.

문제의 중심에 있던 장로와 그를 따르던 교인들은 이 교회를 개척 초기부터 10여 년 동안 몸과 마음을 다해 섬겨온 분들이었다. 나에게나 교회에게나 그들을 잃는 일은 큰 아픔이었다. 그 장로는 자신의 집을 열어 교인들을 맞이하며 진심으로 교회를 사랑했던 분이었다. 그런 분이 나와 대립하게 된 것이 내 마음을 찢어놓았다.

그해 12월 마지막 주일, 그 장로가 나를 찾아와 말했다.

"목사님, 우리가 교회의 갈등을 더 이상 방치할 수 없습니다. 저와 함께하는 몇몇 성도들이 나가 새 교회를 개척하려 합니다. 주일예배 때 그 사실을 광고할 수 있도록 허락해 주십시오.”

그 말을 듣는 순간 가슴이 미어졌다. 평생 주의 종으로 살겠냐고 다짐한 사람으로서, 어찌 성도들을 품지 못하고 떠나게 하겠는가. 그동안의 나의 목회가 부끄럽고 초라하게 느껴졌다. 나는 간곡히 말렸다.

“오늘은 하지 말고, 조금만 시간을 두고 이야기해 봅시다.”

그러자 그 장로는 말했다.

“부족한 제가 한 살이라도 더 먹은 사람이니 양보하겠습니다. 서로 상처를 남기느니, 차라리 우리 신앙에 맞는 교회를 개척해 문제를 풀겠습니다.”

나는 그들을 보내며 깊은 회개의 시간을 가졌다.
구만리교회에서든, 군목 시절이든, 도농교회에서든 하나님은 언제나 좋은 사람들을 붙여주시고 교회를 부흥하게 하셨다. 그래서 어느새 나는 “하나님이 나와 함께하신다”는 확신 속에 자신감이라는 이름의 교만을 키워왔던 것 같다. 사실 모든 것은 하나님의 은혜였는데, 나는 그것을 내 능력으로 착각하고 있었던 것이다.

이번 교회의 분쟁은 그런 나의 교만을 깨닫게 하신 하나님의 손길이었다. 나는 그때부터 새벽마다 무릎을 꿇고 나 자신을 돌아보며 다시 겸손히 사람 앞에 머리를 숙이는 법을 배웠다. 이 일을 통해 하나님은 나로 하여금 자신을 낮추고 다시금 은혜의 자리로 돌아오게 하신 것이다.

교회의 분열

　　우리 교회의 분규는 두 분의 장로로부터 비롯되었다. 두 분모두 신앙이 깊고 교회를 사랑하는 분들이었지만, 신앙의 성격과 생활의 방식이 달랐다.

　　당시 서울에서는 신도시 개발이 활발하게 이루어지고 있었다. 두 분 모두 화곡동 신도시로 이사 오기 전, 각각 시내의 유명교회에 출석하며 신앙생활을 하고 있었다. 설교가 은혜롭고 교회분위기가 활기찬 곳이어서 신앙의 기쁨을 누리던 이들이었다. 그러나 먼 시내까지 나가는 불편함을 느끼며, "우리 동네에도 그런 교회를 하나 세워보면 어떨까?"라는 뜻을 나누게 되었고, 그 마음이 모여 화곡동에 교회를 개척하기로 뜻을 모았다.

　　이들은 우리 교단 서울노회에 속한 목사에게 상의했고, 노회는 개척 자금을 마련하기 위해 재력가로 알려진 종로서적센터 장하구 회장(향린교회 장로)의 도움을 받았다. 그 후 화곡아파트 앞 건물

3층을 임대해 교회를 세웠고, 이들은 서로의 뜻이 잘 맞아 처음에는 매우 아름다운 공동체를 이루었다. 두 가정은 신앙적으로나 물질적으로 모두 헌신적이었고, 성도들을 정성껏 대접하며 따뜻한 교회를 만들어 갔다.

교회가 안정되고 성도들이 늘어나면서 분위기는 더욱 활기차졌다. 그러나 서서히 두 장로의 신앙적 방향이 달라지기 시작했다. 선임 장로는 국회의원 보좌관으로 일하다 버스 회사의 전무로 재직 중이었고, 다른 장로도 안정된 직장을 가진 분이었다. 문제는 신앙생활의 형태에서 차이가 생긴 것이었다.

선임 장로는 신앙의 중심이 말씀과 기도에 있다고 믿었다. 그러나 다른 장로는 교제를 중시하며 친목 모임 중 술과 담배를 거리낌 없이 허용했다. 이에 선임 장로는 여러 차례 "그런 습관은 신앙인의 삶과 교회의 모습에 어울리지 않는다"고 간곡히 권면했지만, 다른 장로는 "예수님도 가나 혼인 잔치에서 물로 포도주를 만드셨다"며 반박했다.

성도들은 자유로운 분위기의 교제를 더 선호했다. 자연스럽게 사람들은 그 장로님 주변으로 모이기 시작했고, 교회의 중심은 한쪽으로 기울었다. 반면 선임 장로 곁에는 신앙적 위로를 구하는 노인들과 가난한 이들만 남게 되었다. 교회의 균형이 무너지고, 공동체의 방향이 흔들리기 시작한 것이다.

두 분 다 귀한 분들이었다. 한 분은 말씀과 기도로 교회를 든든히 세우고 헌신적으로 재정을 감당하는 분이었다. 교회 부지를 매입할 때는 전체 금액의 절반을 스스로 부담했고, 건축 때도 똑같이 헌신했다.

다른 한 분은 성도들의 삶을 세밀하게 돌보았다. 교인들에게 어려운 일이 생기면 누구보다 먼저 달려가 도왔고, 장례가 나면 3일 내내 그 집을 지켰다. 암 수술을 받은 교인이 있으면 병원에 찾아가 가족을 위로했다. 도시 한복판에서도 자신의 집을 늘 열어놓고 매주 수십 명의 성도에게 식사와 간식을 대접했다. 그 헌신은 바울이 칭찬한 루디아나 브리스길라 부부를 떠올리게 했다. 다만 문제는 친교 가운데 주초를 자유롭게 허용한 점이었다.

만일 두 분의 장점을 잘 조화시켜 교회의 에너지로 삼을 수 있었다면, 교회는 더 크게 성장했을 것이다. 나 역시 부임 후 두 분의 장점을 살려 하나 되게 하려 애썼지만, 결국 내 역량이 부족했다. 나의 목회 방침은 교회의 모임에서는 주초를 절제하자는 것이었는데, 그것이 부담으로 작용했는지도 모른다.

게다가 나는 아직 젊었다. 포용력이 부족했고, 교회를 빨리 바로 세우고 싶은 열정이 때로는 성급함으로 드러났다. 그러한 나의 태도가 한쪽 장로의 신앙 노선을 더 지지하는 것처럼 비쳤을지도 모른다. 그것이 상처가 되어 관계의 틈이 깊어졌던 것 같다.

그때의 일은 내게 큰 교훈을 주었다. 목회자가 아무리 진리를 붙들고 있어도, 사랑이 뒷받침되지 않으면 사람의 마음을 얻을 수 없다는 것을 절실히 깨달았다. 교회는 교리로만 세워지는 곳이 아니라, 이해와 용납과 기다림으로 세워져야 한다는 사실을 그때 배웠다.

이 사건은 내게 평생 잊지 못할 상처이자, 동시에 나를 새롭게 하신 성령의 손길이었다. 목회자의 길 위에서 겸손과 인내를 배우게 하신 하나님의 깊은 뜻이 그 안에 있었다.

교회 분열 후의 분쟁

교인 50~60여 명이 교회를 떠나 새롭게 시작했음에도, 남은 교인들은 거의 그대로였다. 청장년 출석 인원은 160여 명에 달했고, 남은 성도들은 더욱 열심히 예배와 교회 봉사에 힘쓰며 교회는 굳건히 서 나갔다. 오히려 주류 세력이 떠난 덕에, 이전에는 뒷전에 있던 성도들이 자리를 채워 교회의 공백을 메우는 모습이었다.

어느 교회성장학자가 말하기를, 전 교인 중 약 20%가 실제로 교회의 활발한 활동을 이끈다고 한다. 우리 교회에서도 그런 동력이 느껴졌다. 그 20%를 중심으로 성도들이 활발히 움직였고, 나머지 80%는 잠재적 자산으로 남았다. 이 '동결된 자산'을 교회 내외의 봉사와 섬김에 참여시키는 것이 과제가 되었고, 이를 위해 바이블 스터디 등 다양한 방법을 시도했다.

그러나 교회 안에서는 또 다른 도전이 생겨났다. 과거 분쟁 때 교회를 떠난 이들과 맞서 교회를 지켰던 일부 성도들이 이제

남은 자리를 차지하며 새로운 주도 세력으로 나서려는 듯한 움직임을 보인 것이다. 마치 정치권에서 자기 지분을 챙기려는 듯 행동하며, 여러 문제를 제기하고 교회의 흐름에 도전했다.

이들이 원하는 것은 정치적 이권이 아닌, 장로직을 차지하는 것이었다. 그러나 장로직은 교회 내 권력이나 이권을 위한 것이 아니라, 섬김과 책임의 자리였다. 그들의 요구를 교묘하게 관철시키려는 움직임에 나는 오직 기도와 하나님께 굴복하는 마음으로 대응할 수밖에 없었다. 그들은 무리를 이루어 나를 압박했고, 개척 멤버들의 도전과 함께 교회의 어려움은 거세져만 갔다.

나는 그때마다 스스로에게 물었다.

"하나님의 교회란 무엇인가? 이 교회가 예수 그리스도의 피값으로 세워진 거룩한 공동체가 맞는가? 장로직 하나 때문에 탐욕과 권력 다툼의 장이 되어야 하는가?"

세상의 지식과 명성을 가진 이들이 교회 안에서 장로직을 얻으려 갖은 수단을 쓰는 모습을 보며 참담함을 느꼈다.

내 어린 시절 고향 교회에서 경험한 장로들을 떠올렸다. 한 분은 일제 시대 지어진 집을 교회 사택으로 기증하고 허름한 집에서 사셨다. 성도들은 그 장로를 존경하며 교회를 섬기는 참된 모습을 배우려 애썼다. 다른 한 분은 시골 목수였지만, 집을 늘

열어 두어 청년과 중고등학생들에게 기도와 모임의 장으로 제공했
다. 그는 루디아처럼 자신의 집을 교회와 선교의 통로로 삼았다.
그런 분들이 장로로서 보여준 헌신은 단순한 지위와 권력을 위한
것이 아님을 나는 깨달았다.

　그러나 당시 남아 있는 일부 성도들은 장로직을 통해 교회의
중심을 차지하려 했고, 그로 인해 또 다른 분쟁이 반복되었다.
교회의 문제가 해결되면 또 다른 문제가 생기고, 그것이 다시
꼬리를 물고 이어졌다. 목회의 길은 참으로 어렵고 힘듦의 연속이
었다.

　그럼에도 나는 실망하지 않았다. 진실과 성실 그리고 기도를
통해 나아가기로 했다. 하나님이 살아 계시기 때문이다. 위기
속에서 기도하며 지켜보면 결국 하나님께서 문제를 해결해 주심을
경험할 수 있었다. 이러한 믿음은 내 삶의 철학이 되었다. 실망하지
않고 믿음으로 도전하면 반드시 승리를 주시는 하나님을 바라보는
것, 그것이 나의 목회와 삶의 원리였다.

기도를 많이 하는
민부기 장로

강남교회에 부임했을 때 두 분의 장로가 있었는데, 한 분은 자유스러운 신앙의 행태를 가졌으면서 성도들과 잘 어울리며 교회를 섬기는 데는 그 누구에게 떨어지지 않는 분이었고, 또 한 분은 신앙이 아주 보수적이고 기도를 많이 하는 분으로서 교회를 섬기는 데 역시 그 누구에게 떨어지지 않는 분이었다. 한 분은 나의 목회에 대해 관망하고 감시하는 듯하였지만, 한 분은 새벽마다 기도회에 참여하면서 협력적이고 매사를 신앙적으로 생각하는 듯했다.

나의 목회 활동에 적극적으로 뒷받침하는 분이 민부기 장로였다. 민부기 장로는 나보다 나이가 10여 년 위였고 건국대와 동대학원을 졸업하시고, 국회의원 보좌관을 거쳐, 우리 교단의 이주식 목사가 경영하는 ㈜김포교통의 창설 멤버로 이주식 사장을 도와 전무이사까지 하신 분이었다. 본래 그는 우리 교회의 또한 분의 장로와 함께 강남교회의 창설 멤버로, 그와 마음이 맞아 좋은 교회를 하나 세우기 위해 우리 교회를 개척하는 데 의기투합했다고 한다.

그러나 민 장로는 성경을 깊이 상고하고 기도 생활에 전념하면서 교회를 순수하게 섬겼고, 그의 삶을 전력투구하여 하나님을 섬기며 기도에 열심을 내며 교회를 섬기는 데 참으로 헌신적이었다. 전임자이자 대선배인 김용원 목사(해군 군종감 역임)가 교회를 섬길 때, 장년 성도가 30~40여 명이 되면서 교회가 자립하게 되어 교회 건축을 위한 부지를 구입하는데, 민부기 장로가 성도들의 헌금 외 나머지를 다 부담했다고 한다.

대지가 211평, 교회당은 87평으로 아담한 교회당을 건축하는데도, 아무튼 모자라는 부분은 민 장로가 거의 책임을 지셨다고 한다. 많은 재력을 소유하신 분도 아님에도 불구하고 그렇게 헌신적으로 교회를 섬겼다.

1979년 5월, 내가 강남교회에 부임했을 때 우리 교회의 형편은 이렇게 교회의 하드웨어가 구축되어 있었고, 교회당이 건축되면서 교회가 부흥하여 청장년 성도가 100여 명 가까이 출석하고 있었다. 성도들 대부분이 학력 수준이 높은 편이었고, 생활 수준도 중산층으로 목사가 심방을 가면 커피를 내어줄 수 있는 정도였다. 직전에 있던 도농교회에서는 커피를 내어줄 수 있는 가정은 손꼽을 정도여서 그때 나는 아예 커피를 마시지 않기로 작정했었는데, 지금까지도 커피를 마시지 않는 것이 습관화되어 있다.

내가 부임한 지 1년쯤 되었을 때, 또 한 분의 장로와 그의 주변에 있는 성도들이 담임목사의 목회에 대한 문제를 제기하면서 교회는 큰 위기에 빠지게 되었다. 그 위기는 나로서는 실로 감당할 수 없는 엄청난 시련이었다. 목회의 평생에 이런 위기를 당하는 이들은 그렇게 많지 않을 것이다. 그 장로를 비롯한 성도들 상당수가 서명해서 서울노회에 담임목사 해약 청원서를 제출하기까지 했으니, 내가 목회를 잘 못한다는 것이 서울 전역에 알려지고 또 전국으로 퍼져, 나는 다시 일어설 수 없는 타격을 입게까지 되었다.

그 문제를 다루는 노회에 나갔을 때는 내가 문제가 많은 목사라고 생각하는지 많은 동역자가 나를 피하는 것 같았고 여기저기서 수군거리는 것도 같았다. 그때 나와 가까운 동지 몇은 나를 위로하고 힘이 되어 주었다.

하지만 가장 힘이 되어 준 이는 민부기 장로였다. 기도 때마다 참석하는 것은 물론, 나와 함께 교회를 위해서 기도원에 동행하기도 하셨다. 한참 교회 분규가 치달아 오를 때 함께 순복음오산리금식기도원에 한 주간 금식 기도를 작정하고 올라갔는데, 그는 좋은 숙소를 빌려서 나에게 쉬도록 하고 자기는 예배당에서 금식 기도를 하면서 잠을 자는 것이 아닌가.

나는 저녁 집회를 참석하고 한참 기도하다가 숙소에 들어와 누었는데, 장로님은 강당에서 기도하다가 그곳에서 주무신다는 것은 보통 바늘방석이 아니었다. 20~30분 동안 누워있다가 본당으로 나가 "장로님은 여기 계시는데 제가 어떻게 숙소에서 쉴 수가 있겠습니까. 저도 같이 본당에서 기도하다가 여기서 자겠습니다"라고 말씀드렸더니, 장로님이 "나도 목사님이 이곳으로 나오도록 기도하고 있었습니다"고 말씀하시는 것이었다.

이렇듯 이분은 기도 훈련을 시키기 위해 나를 기도의 자리로 이끄시기도 한 분이다. 뿐만 아니라 새벽 기도 때도 시작하기 30분 전에 먼저 나와서 예배를 마친 후 2시간을 기도하는 분이다. 어떤 유명한 목회자가 "목사는 새벽 기도 후 마지막으로 나가는 분보다 좀 늦게 나가야 한다"는 글을 썼는데, 그 글을 읽은 나로서는 민부기 장로님보다 먼저 나가 기도하고 또 더 늦게 나가기 위해 노력할 수밖에 없었다. 정말 죽는 훈련과 같았다. 바울이 "나는 매일 죽노라"라고 했는데, 그렇게 나는 교회와 나를 돕는 민 장로님 때문에 매일 죽는 생활을 하면서 '이대로 살다가는 죽는 것이 아닌가' 하는 생각까지도 하였다.

하루는 민 장로님이 어느 중식당으로 나를 초청하여 점심을 같이 하자고 해서 나갔더니 말씀하시기를, "이제 나는 신학대학원을 하고 교회를 개척하겠다"고 하는 것이 아닌가. 나는 그 말씀을 듣고는 얼마나 반가운지 '이제 그리 많은 기도를 하지 않아도 되겠구나' 하고 안도의 숨을 쉬었다. 이렇게 나는 주의 종으로서 만삭되지 못한 자였다. 지금도 마찬가지이지만 말이다. 이 얼마나 한심한 목사인가. 그런데도 주님은 평생 동안을 함께해 주셨다.

나는 그 말을 듣고, 그 기도 많이 하고 충성하는 분이 신학을 하고 개척하고 나가겠다는 것이 얼마나 기쁜지 알 수 없었다. 나는 그분과 헤어져 집으로 오면서 하늘을 나는 것처럼 기뻐했다. 나는 그다음 날 새벽 기도 시간에 장로님이 개척하여 나간다는 말에 한없이 기뻐한 이 속물 같은 목사의 모습을 보면서, 바울이 자기를 만삭되지 못하여 난 자 같다고 한 말이 곧 나에게 한 말이라고 생각하며 회개했다.

바나바 같은 목회 협력자
조재윤 장로

바나바는 바울을 대사도로 만든 인물이라고 생각한다. 사울이 그리스도인들을 결박하여 예루살렘으로 잡아오려고 가다가, 뜻밖에 다메섹 도상에서 부활하신 예수를 만난 뒤 예수를 하나님의 아들로 믿고 새로운 사람으로 거듭났다. 그는 주님과 교제하기 위해 멀리 아라비아 사막으로 가서 3년 동안이나 기도와 인고로 수련을 한 다음, 예루살렘에 올라가 기독교의 지휘부와 같은 사도들을 만나 신임을 받고 선교의 전선에 나서려 했다. 하지만 사도들은 예루살렘에서 그렇게 그리스도인들을 핍박하고 스데반까지 살해하는 데 앞장섰던 자가 몇 년 후에 나타나 사도들을 만나자고 하니 달가워할 수가 없었다. 물론 이제는 예수를 믿는다는 말을 듣기는 했지만, 그 말을 인정할 수가 없어 만나려고 하지 않았을 것이다.

그런데 바나바가 바울을 데리고 사도들에게 가서 바울이 어떻게 예수를 만났는지와 그 후 바울의 활동에 대해 소개함으로써 바울이 사도들에게 인정받도록 했고 그가 활동할 수 있도록 뒷받침했다. 예루살렘에 유대인들의 핍박이 심해져 스데반이 순교를 당하자, 신자들이 예루살렘에서 살 수가 없어 베니게와 구브로와 안디옥으로 피하여 가는 곳마다 교회를 세우고 특히 안디옥에 교회가 크게 부흥하였는데, 사도들이 이 안디옥교회를 섬기라며 바나바를 파송하였다. 바나바의 지도로 안디옥교회가 왕성하여 바나바 혼자는 감당할 수가 없게 되자, 다소에 가서 바울에게 요청하여 바나바가 담임목사요, 바울이 부목사로 동역하게 되었다.

그 후 선교의 중심이 예루살렘에서 안디옥으로 옮겨졌고, 안디옥교회가 크게 부흥하자 교회는 바나바와 바울을 선교사로 파송하였다. 시작할 때는 바울이 보조자에 불과했는데, 후에는 바나바가 바울의 능력을 인정하여 바울을 앞세우고 자기가 보좌하는 역할로 만족했다. 바울은 이런 마음이 크고 넓은 바나바의 도움으로 대사도로 성장하였다.

목사에게 평생 목회하면서 이런 폭넓은 사람을 만나는 것은 큰 행운이고 축복일 것이다. 나도 하나님의 은혜로 훌륭한 장로를 만나게 된 것을 하나님께 감사드리지 않을 수 없다. 그는 바로 내가 강남교회에 부임한 직후에 신촌로터리에서 조재윤산부인과를 개업한 조재윤 장로였다. 그는 중앙대학교 의대의 창설 멤버로, 산부인과 교수로 유명했다. 산부인과 계통에서 어려운 수술은 이분에게 의뢰할 정도로 의술이 뛰어난 분이었다.

내가 부임하고 2년 후 그가 장로 임식을 받았는데, 상로로서는 의사로서보다 더 훌륭했다. 그는 고향 형님을 부모같이 생각할 정도로 존경했는데, 그분이 장로로서 참 훌륭한 분이었다. 조 장로가 장로 임직될 때 권면 순서를 그의 형인 조재석 장로에게 맡겼는데, 그분이 교회를 섬기는 자세와 방법을 가르쳐 주면서, 장로는 주님과 임직을 받은 그 교회를 위해서 죽을 각오를 하고 섬기라고 했다. 조 장로는 형의 권면대로 온 힘을 다해 교회를 섬길 뿐 아니라, 형의 신앙을 닮으려고 최선을 다했다.

그는 장로가 된 다음에 나에게 권면하기를 "목사님은 강남교회의 복사로서 한국교회의 봉이 되십시오. 사람들이 목사님 때문에 행복하게 해야 합니다. 요구하는 것을 뿌리치지 말고 도와주세요. 만일 누구하고 식사하더라도 목사님이 꼭 결제하세요" 하는 것이 아닌가. 그리고 담임목사의 활동비와 대외 활동비의 예산을 세우고, 활동비는 영수증 없이 교회 내의 활동비로 쓰는데 매월 일정액으로 하고, 대외 활동비는 교회밖에 무슨 활동이든지, 누구를 돕던지 당화의 결의 없이 목사의 결심만으로 쓰고 영수증을 첨부토록 하였다.

나는 이 활동비와 대외 활동비를 가지고서 목회에 적당하게 사용하고 대외 활동을 위해서 적합하게 사용함으로써 선교 활동을 극대화하도록 노력하였다. 이 모두가 조재윤 장로의 협력으로, 교회가 크게 부흥하는 데 큰 도움이 되었을 뿐 아니라, 노회와 한국교회 전체를 상대하는 연합 운동에도 적절하게 사용해 마음껏 활동할 수 있었다. 나는 이 활동비를 사적으로 사용하지 않으려고 철저히 절제하고 스스로 점검하며 타락하지 않으려고 노력하였다.

그런데 이런 훌륭한 장로님이 76세를 일기로 식도암으로 너무 일찍 가셨으니 얼마나 안타까운지 알 수 없다. 이런 장로를 만났기 때문에 나같이 부족한 사람이 이런 교회를 이룰 수 있었지, 그렇지 않으면 내가 어떻게 그런 복회를 할 수 있었겠는가. 나는 지금도 조 장로를 만나게 하신 하나님께 감사할 뿐이다.

치유의 역사가 많이 일어나
하나님께 감사드린다

　　나는 어려서부터 위장이 약해 소화 불량으로 늘 고생하며 살았다. 중학교 1학년 때, 나와 짝을 하던 친구와 무척 가까운 사이가 되었다. 그는 매일 아침 맛있는 떡을 가져와 함께 나누어 먹었고, 나는 그 시간을 늘 기다렸다. 도시락을 먹고도 또 떡을 먹으니 항상 배가 불렀지만, 그 시절은 배고픈 시대였기에 그 떡이 얼마나 귀하고 맛있었던지 모른다.

　　그런데 어느 날, 같은 반의 또 다른 친구가 나에게 조심스럽게 말했다. "너 짝꿍 집이 무당집인 거 알아? 그 떡은 무당이 굿하고 나서 올린 떡일지도 몰라." 그 말을 듣는 순간 온몸이 얼어붙는 것 같았다. '내가 무당이 굿하며 올린 떡을 먹었단 말인가? 큰일 났구나' 하는 생각이 들었다. 그때부터 괜히 속이 더부룩하고 소화가 되지 않는 듯한 느낌이 들었고 마음까지 불편했다.

떡을 보면 먹고 싶고, 먹고 나면 후회되는 일이 반복되었다. 물론 후에 사도 바울의 말씀처럼, "입으로 들어가는 것은 죄가 아니라, 마음에서 나오는 악한 생각과 탐심이 문제"라는 것을 깨닫게 되었지만, 어린 시절의 나에게는 그것이 큰 두려움과 죄책감으로 다가왔다. 결국 그 시절의 위장병이 평생 나를 괴롭히는 고질병이 되었다.

대학 입시에 실패하고 집에서 농사일을 도우며 재수를 준비하던 어느 날, 군산 해성교회에서 순복음교회 조용기 목사가 부흥회를 인도한다는 소식을 들었다. 나는 한 주간 그 집회에 참석하기로 하고 금식하며 하나님께 매달렸다. 저녁 집회를 마친 후 하나님께 간절히 기도드리며 "주님, 제가 주의 종이 되고자 하나 위가 좋지 않아 괴롭습니다. 이 병을 고쳐 주옵소서" 하고 간절히 부르짖었다. 그때 나는 놀라운 치유의 은혜를 체험했다.

그 경험 이후 나는 하나님이 나같이 부족한 사람의 기도에도 응답하신다는 사실에 깊은 감동을 받았고, 하나님을 내 안에 계시며 동행하시는 하나님으로 믿게 되었다. 그날 이후로 내 신앙의 방향은 완전히 달라졌다.

목회하던 시절, 도농교회에서 송구영신 예배를 인도할 때 모든 성도에게 안수 기도를 해 준 적이 있다. 그다음 주일, 한 여집사가 축농증이 나았다며 감사 헌금을 드렸다. 그분은 남편을 군 사고로 잃고 보험설계사로 일하며 홀로 아들을 키우던 분이었는데, 경제적으로 어려워 큰 헌금을 드릴 형편이 아니었다. 그러나 간증 중에 "기도 받은 다음 날 아침 세수를 하다가 *끈끈한 고름 덩이가 코에서 나왔습니다. 그 후로 숨쉬기가 얼마나 시원한지 모릅니다*"라고 고백하였다.

나는 그 이야기를 들으며 나같이 부족한 종의 기도를 통해서도 역사하시는 하나님의 은혜를 보았다. 하나님께서는 세상의 마른 막대기 같은 사람도 들어 쓰셔서 놀라운 일을 이루신다는 것을 깨닫고 더욱 겸손히 하나님을 찬양하며 살게 되었다.

이러한 기도와 치유의 역사는 목회 45년 동안 셀 수 없이 많았다. 나는 확신한다. 하나님은 어떤 종이든 담임목사로 세우셨다면 그를 반드시 들어 쓰신다는 것을….

강남교회에서 목회할 때는 알파(Alpha) 프로그램을 도입하여 10여 년간 운영하였다. 이 프로그램의 마지막 주산에는 항상 2박 3일의 수련회를 가지며 안수 기도를 했는데, 그 자리에서 암 환자 세 명이 치유를 받는 놀라운 일이 일어나기도 했다. 나는 그것을 내 개인의 영적 능력으로 생각하지 않는다. 다만 하나님께서 그 교회를 맡기신 종이 겸손히 무릎 꿇고 기도할 때, 하나님이 친히 역사하신다고 믿는다. 하나님은 내 목회의 처음부터 마지막 날까지 언제나 함께하시며 부족한 종을 통해 당신의 뜻을 이루어 주셨다. 나는 그 은혜를 생각할 때마다 그저 감사와 찬송으로 머리를 숙일 뿐이다.

강남교회 명칭을 변경하려다가
중단하게 되었다

내가 강남교회에 부임했을 때 교회 주변 지역은 이미 구시가지로 변해 가고 있었다. 박정희 군사 정부 시절 서울 신도시 건설이 본격화되면서, 1966년 6월 착공을 시작으로 1970년대 이후 전국 각지에서 많은 이주민이 서울로 몰려들었다. 그 무렵, 화곡동 일대는 '화곡동 10만 단지'라 불리며 개발이 활발히 이루어졌다. 1977년에는 영등포구에서 강서구가 분구되었고, 내가 강남교회에 부임한 것은 1979년 5월이었다. 그러나 개발이 진행된 지 오래지 않아 이 지역은 빠르게 낙후 지역으로 변해 갔다.

화곡동이 개발되던 1960년대 후반, 수유리와 불광동 그리고 1970년에 붕괴된 와우아파트가 있던 창천동 등지에서도 신도시 형태의 마을들이 조성되었다. 당시 지어진 아파트는 대부분 서민용이었고, 단독주택들은 당시로서는 근사하고 아름답게 보였다.

그러나 시간이 흐르면서 초기 개발 신도시들은 점차 노후화되었고, 그 뒤를 이어 여의도 개발이 이루어졌으며, 곧이어 강남이 새롭게 부상하여 대치동으로까지 확장되었다. 내가 화곡동에 부임했을 당시에는 내치동 은바아파트가 막 선설 중이었다.

내가 부임했을 당시 화곡동의 '10만 단지'는 비교적 잘 정비된 주택가였으나, 그 외 지역의 주택들은 대부분 부실하게 지어진 집들이었다. 우리 교회는 화곡동과 신월동의 경계에 위치해 있었는데, 행정구역상 신월동이었지만 일반적으로는 화곡동에 있는 교회로 불리곤 했다. 당시 신월동 일대는 새롭게 조성된 주택가였다. 이후 1988년에 행정구역이 개편되면서, 화곡동은 강서구에 남고, 우리 교회가 위치한 신월동은 새로 분구된 양천구에 속하게 되었다.

문제는 교회 이름이었다. '강남교회'라는 명칭은 일반적으로 강남구나 서초구를 가리키는 말인데, 양천구에 있는 교회가 '강남교회'라는 이름을 쓰니 혼란이 생겼다. 더구나 교단의 여러 교회가 경제적으로 어려움을 겪을 때마다 "강남교회는 부자 교회이니 도움을 달라"는 편지가 매주 교회로 쏟아져 들어왔다. 그만큼 '강남교회'라는 이름은 이미 부유한 교회를 상징하는 말이 되어 있었다.

지금은 우리 교회가 화곡동의 강서구청 뒤편에 자리하고 있지만, 여전히 '강남교회'라는 이름은 지역적으로 맞지 않는다는 생각이 든다. 2010년 7월 22일, 인터콘티넨탈호텔 그랜드볼룸에서 열린 제42회 국가조찬기도회에서 설교를 맡게 되었는데, 이명박 대통령을 비롯해 교계, 정계의 지도자들이 함께 했다. 예배 후 식사 자리에서 대통령이 나에게 "교회가 화곡동에 있는데 어찌 강남교회 입니까?"라고 웃으며 묻기에, 나는 "우리 교회가 세워진 1970년 당시에는 강남이 아직 개발되지 않았고, 화곡동도 한강 이남이라 흔히 강남이라 불렀던 것 같습니다"라고 대답한 일이 있다.

나는 교회 이름이 주는 혼란을 해소하기 위해 명칭을 변경하는 것이 좋겠다고 판단하고, 당회에서 논의한 뒤 전 교인의 의견을 묻는 설문조사를 실시했다. 그 결과 약 91%의 성도들이 명칭 변경에 찬성했다. 이에 따라 교회 이름을 바꾸기 위한 준비를 진행하던 중 원로장로들 가운데 한 분이 "강남교회라는 이름으로 문제 된 일이 없는데 왜 굳이 바꾸려 하는가?"라는 의견을 내었다.

그 말을 듣고 나는 깊이 생각하게 되었다. 원로장로님들 중 누군가가 불편함을 느낀다면 굳이 바꿀 필요가 있을까 하는 마음이 들었다. 그래서 기도하며 숙고한 끝에 명칭 변경을 중단하고, 교인들에게 명칭 변경을 하지 않게 된 이유를 설명하며 설득하기로 했다. 그렇게 결정을 내린 후 교회는 작은 의견이라도 귀기울여 듣고 함께 조정하는 공동체라는 인식을 성도들에게 심어줄 수 있었다. 그 일은 오히려 교인들이 교회에 더 큰 소속감과 애정을 갖게 되는 계기가 되었다.

강남교회에서 교회 건축을
3차에 걸쳐 하게 되었다

　나는 강남교회에 1979년 5월에 부임해서 2016년 4월까지 만 37년 동안 담임목사로 섬겼다. 부임했을 때 교회의 대지는 211평에 건물은 87평이었고, 화장실도 교회를 건축할 때 임시로 엮어 놓은 패널로 되어 있었고, 울타리도 하지 못한 형편이었다. 그러나 성도들은 대지를 마련하고 작은 예배당이라도 가지고 있다는 데 자부심이 대단하였다.

　청장년의 주일 출석은 전임자가 계실 때 100여 명이었으나, 전임자가 떠난 후에 20여 명이 줄어 내가 부임했을 때는 평균 80여 명이 출석하고 있었다. 그 가운데 청년들이 20여 명이었고, 중고등부는 30~40여 명, 어린이부는 70여 명이 모이는 자립한 교회로서 미래가 있는 교회이기에, 성도들은 우리 교회를 자랑스럽게 생각했다.

내가 부임한 이후 부흥의 바람이 불어 어린이부나 중고등부와 청년부에 생기가 돌면서 교회 내 교육부의 공간이 부족하다는 공감대가 이뤄지면서 교회 마당에 작은 텐트라도 쳐서 공간을 확보하자고 여러 번에 걸쳐 회의했고, 결국 작은 교육관이라도 짓자는 데 이르게 되었다. 그래서 교육관을 127평으로 정하고 헌금을 시작하게 되었다.

교육관의 골조는 올라가고 있는데, 담임목사에게 불만을 가진 이들과 가까운 청년부에서 주일날 담임목사를 비판하는 팸플릿을 예배 후에 나가는 성도들에게 나눠주는 것이 아닌가. 그 안에는 담임목사가 사랑이 없다는 내용이 주종을 이루었고, 담임목사 내외가 외출하면서 교회 내의 원로권사 한 분을 사택에서 아이들을 돌보는 일을 시켰다며 어떻게 그럴 수 있냐는 것이다.

나는 부족한 사람이고 사랑이 없는 것을 항상 자책했는데 그들이 그것을 정확히 지적했고, 그 권사님이 우리 집에 가끔 방문하시고 아이들을 예뻐하셔서 선의로 부탁드렸는데 이렇게 돌아올 줄은 몰랐다. 나는 그들의 팸플릿에 나온 비판을 받아들이고 제직회에서 "나의 부족함을 지적한 청년들의 비판을 수용하고 조심하며 목회를 잘해 보겠다"라고 입장을 말했지만, 그 문제는 더욱더 일파만파 커지며 퍼져 나갔다.

우리 교회의 주류에 속하는 성도들은, 서둘러 교육관의 건축을 추진했었음에도, 건축 헌금뿐 아니라 십일조와 감사 헌금 등 일체의 헌금을 하지 않았다. 교회는 심한 재정적인 압박을 받았고 건축에 많은 차질이 예상되었다. 정말 안타까운 일이었다. 그렇게 할 생각이었다면 교육관 건축을 아예 시작하지 않았어야 하지 않는가. 교회의 지도사로서 서둘러 시작해 놓고 교회는 더욱 자금 압박을 받도록 몰아가는 것 같았다.

나는 부임한 지 1년이 겨우 지났던 터라 아직 지도력도 서지 않았고 주류 세력의 비판 앞에 섰다. 이런 경우가 곧 풍전등화의 위기라고 해야 할 것이다. 나는 오직 하나님께 기도할 수밖에 없었다. 밖에 나갈 수도 없었고 밤낮으로 기도의 자리에서 하나님만을 바라보았다. 그 무엇도 의지할 만한 것이 없었다. 그 뒤에도 교회의 혼란은 계속되었으나, 하나님의 은혜로 교육관 건축은 마무리되었고, 건축 비용도 그런대로 해결해 나갈 수 있었다.

그 뒤 교회는 부흥되어 청장년 성도 5백여 명이 모이게 되었고, 현재의 작은 예배당으로는 감당할 수가 없어 교회를 다시 건축해야 하는 것이 아니냐는 논의가 시작되었다. 그러나 현재 교회의 대지 212평으로는 턱없이 부족했기 때문에, 대지를 더 확보하는 것이 필연적이었다. 하지만 그렇게 하려면 주변의 주택을 매입해야 하고, 주택을 매입하려면 그 비용 또한 엄두가 나지 않는 일이었다.

성도들과 함께 기도할 수밖에 없었다. 결국 교회는 교회 주변의 주택을 몇 채를 확보하였지만, 꼭 필요한 바로 뒷집은 우리가 감당할 수 없는 가격을 불러 애석하게도 살 수 없었다. 그러나 주변의 주택을 매입하여 290여 평을 매입하게 되었고, 결국 500여 평의 대지를 확보하게 되었다. 이때가 내가 강남교회에서 두 번째 건축을 한 때였다. 1991년, 우리는 신월동 180번지 500평의 대지 위에 연건평 980평의 교회당을 건축하게 되었는데, 장년 성도 500여 명이 모였으나 거의 서민들이어서 큰 건축 헌금을 할 수 있는 이는 없었다.

　오직 하나님께 매달릴 수밖에 없었고, 하나님께 의지하고 앞으로 나갈 수밖에 없었다. 그때만 해도 연건평 1,000여 평 되는 교회 건물은 우리 교단의 수도권에는 별로 없는 때였다. 우리 노회에서는 우리 교단의 가장 큰 교회였던 한상면 목사님이 섬기는 가리봉교회가 있었고, 김인호 목사님이 섬기는 동광교회가 새로 건축한 바 있었다. 1991년 2월, 우리는 기공 예배를 드리고 1,000여 평의 예배당 건축의 대장정을 출발하게 되었다.

　이때 한상면 목사님은 가리봉교회를 짓는 데 최전선에서 진두 지휘하며 노동까지도 서슴지 않았던 조준식 장로님을 파송해 주셔서 성도들을 격려했고, 조 장로님은 교회를 건축하는 1년 반 동안 매일 와서 노동으로 섬겨 주셨다. 또 김인호 목사님은 동광교회를 건축할 때 전문가로서 건축 감독관으로 무료 봉사했던 이계림 집사님을 보내 주셨고, 이 집사님은 1년 반 동안 섬겨 주셨다. 지금은 네 분 모두 하늘나라에 가셔서 우리 주님과 함께 계시겠지만, 네 분 모두에게 하늘의 은혜가 넘치기를 기도하는 마음이 간절하다.

조준식 장로님과 이계림 감독관님의 봉사로, 우리 교회 성도들은 모두 나와서 잡일을 감당하였다. 우리 성도들은 이 두 분이 전혀 사례도 받지 않고 매일 자기 일보다도 더 충성하는 것을 보면서, 기도와 봉사의 일을 정말 헌신적으로 감당해 나갔다. 건설 회사는 기술자만 와서 일하고, 그 외에 모든 일은 두 분이 선두에 서시고 모든 성도가 그의 뒤를 따라 감당하였다. 얼마 전, 캐나다에 수십 년 전에 이민 가서 정착한 어떤 성도가 우리 교회 모 권사님께 말하기를, "수십 년 전에 강남교회를 건축할 때 지하의 흙을 대야에 퍼서 줄을 서서 나르면서 은혜를 받아 그 후 아들이 캐나다에서 신학을 하고 목사가 됐다"고 하더란다. 하나님은 뜻밖의 사건을 통해서도 하나님의 일을 하신다는 것을 깨닫고 하나님께 감사를 드린다. 우리 교회는 두 번째 교회당을 지은 후 더 크게 부흥하여 청장년 출석 성도가 1,200여 명으로 성장하고, 청년 예배만 200여 명이 상회되고, 중고등부가 150여 명 그리고 어린이부가 300여 명으로 크게 성장하게 되었다.

그 후 우리 교회는 여기에 머무르지 않고 한국교회에 공헌하는 교회, 한국교회의 모델이 되는 교회, 세상을 섬기는 교회, 세계 선교에 앞장서는 교회가 되기 위해 다시 한번 새로운 교회당을 지어 새로운 교회로 거듭나야겠다고 생각하였다. 그래서 신월동

소재 교회당에서 약 2km쯤 떨어진 대지 1,033평을 확보하게 되었다. ㈜금구상운이라는 택시 회사가 있던 640여 평의 대지를 강서대학교(당시 그리스도 대학교)가 소유하고 있었는데 이 대지를 매입하고, 그 옆에 공장으로 사용하는 210여 평, 그 외에 여러 채의 주택을 매입하여 180여 평의 큰 대지를 확보하게 되었다.

2005년 2월부터 하는 2,800여 평의 교회당 건축을 위해 토목공사는 ㈜동혁종합건설에, 본 공사는 건설 회사 도급 순위 30위 정도의 ㈜서희건설에 맡겼다. 서희건설의 이봉관 회장은 교회 장로로서 교회 건축에 대한 사명감이 있는 분이었다. 그의 모친이 그에게 유언하기를 "너는 교회 100개를 짓도록 해라" 하셨다면서, 약속대로 정성껏 잘 지어 주셨다. 우리 교회는 오랫동안 있었던 신월동 소재의 교회를 목동능력교회에 매각하고, 2007년 9월 화곡동 새로운 교회당으로 이전하였다. 나는 이 교회가 한국교회에 공헌하고, 한국교회의 모델이 되고, 세상을 섬기는 교회가 되도록 하기 위해 남은 목회 기간을 보내고 또 나의 후를 잇는 이들이 이 뜻을 잘 이뤄 가기를 기도하고 있다.

IMF 시절, 교회 주변에 사는 이들을 위해
일정액을 정기적으로 나누다

언젠가 경주를 방문해 명승지를 관광하다 최부자 댁을 보고 큰 충격을 받았다. 최씨 가문은 17세기 초부터 20세기 중반까지 약 300년간 부를 이어온 집안이었다. 12대에 걸쳐 내려온 가훈을 지켜 왔으며, 그 결과 지역 사람들로부터 사랑과 존경을 받는 집안이었다.

최부자 댁의 가훈은 다음과 같았다.

1. 과거는 보되 진사 이상의 벼슬은 하지 말라.
2. 1년에 1만 석 이상의 재산을 쌓지 말라.
3. 흉년에는 남의 논밭을 사지 말라.
4. 집에 온 손님은 융숭하게 대접하라.
5. 사방 100리 안에 굶어 죽는 사람이 없게 하라.

6. 가문에 시집온 며느리들은 3년 동안 무명옷만 입게 하라.

나는 이 가훈 중 다섯 번째, "사방 100리 안에 굶어 죽는 사람이 없게 하라"에 마음이 깊이 꽂혔다. IMF 시절, 우리 교회에서 몇 킬로 떨어지지 않은 방화동에서 너무 가난하여 먹을 것이 없어 한 어머니가 두 자녀와 함께 음독자살을 했다는 보도가 있었기 때문이다. 우리는 편하게 살고 있었지만, 그렇게 비극적인 일이 일어났다니 마음이 너무 아팠다. 나에게도 책임이 없는가를 돌아보게 되었다. 만약 주변 교회들이 어려운 이웃을 돌보았다면, 이런 비극이 발생했을까?

당시 우리나라 개신교회는 약 50,000개에 달했고, 그중 자립교회는 약 20,000개였다. 서울에서는 자립하여 이웃과 나눔을 실천할 수 있는 교회가 10,000여 개는 되었을 것이다. 그러나 많은 교회가 지역사회의 어려운 이들을 제대로 돌보지 못하고 있었다. 최부자 댁이 300여 년간 이웃을 돕고 섬긴 것처럼, 예수님의 몸된 교회도 마땅히 주변을 돌아봐야 하지 않겠는가.

IMF로 인해 하루아침에 일상이 나락으로 떨어진 상황에서 나는 하나님 앞에 무릎 꿇고 하나님의 세미한 음성을 기다렸다. 정부는 국영 기업과 금융권을 비롯한 모든 분야에서 구조 조정을 단행했고, 성도들이 다니던 회사들은 퇴출되거나 급여가 삭감되었다. 일부는 거리로 내몰려 노숙자가 되기도 했다.

이에 나는 우선 교인들의 고통을 분담하고자 나의 십일조 헌금에 10%를 더하기고 결심하고 십의이조 헌금을 실천했다. 또한 교인 중 직장을 잃거나 갑자기 생활이 어려운 이들과 교회에 춘석하지는 않지만 긴급하게 지원이 필요한 주변인들을 위해 교회 사무실에 신청하면 매월 30만 원씩 정기적으로 지원하겠다고 당회를 거쳐 공지하였다.

논의 과정에서 일부 장로는 "신청자가 너무 많아 교회가 감당할 수 없으면 어떻게 하려는가?"라고 우려했지만, 나는 "새 교회당 건축을 위해 모은 헌금을 사용하고, 그래도 부족하면 건물을 팔더라도 하나님이 기뻐하실 일을 해야 하지 않겠는가"라고 답했다.

결과적으로 우리 교회는 교인뿐 아니라 주변의 불신자들까지 지원하며 모든 신청을 감당할 수 있었다. 지원을 받은 사람들 대부분은 후에 노동이나 행상에 나가 교회의 도움을 사양했고, 교회의 부담은 점차 줄어들어 사업은 아름답게 마무리되었다.

나는 교회가 지역사회를 섬기는 일을 사명으로 삼고 가난한 이들과 함께해야 예수님이 원하시는 교회라고 믿는다. 예수님은 주변에 가난하고 병들고 소외된 사람들과 함께하셨고, 그들을 하나님의 나라 운동의 핵심으로 삼으셨다. 만약 교회가 모두 부유하고 배운 사람들 또 권력 있는 사람들만 모인다면, 그것은 교회가 아닌 인간들의 교만을 자랑하는 자리가 될 것이다.

교회의 장기적인 목회 시스템을
정착시켰다

신·구교를 아우르는 세계적 신학자 한스 큉(Hans Küng)은
그의 저서 『교회론』에서 교회의 기능을 다섯 가지로 정리한 바
있다. 첫째는 예배, 둘째는 교육, 셋째는 섬김(봉사), 넷째는 친교
(코이노니아) 그리고 다섯째는 선교(미션)이다. 그러나 이 다섯
가지 기능이 제대로 이루어지기 위해서는 반드시 전제되어야
할 한 가지가 있다. 곧, 사도행전 1장 8절의 말씀처럼 "오직 성령이
너희에게 임하시면 너희가 권능을 받고 예루살렘과 온 유다와
사마리아와 땅끝까지 이르러 내 증인이 되리라"는 말씀이다.

다시 말해 교회가 아무리 노력해도, 성령이 임하지 않으면
이러한 교회의 본질적 사명을 감당할 수 없다. 교회와 성도 각자에
게 성령이 임해야 하며, 그때 비로소 교회의 기능이 살아 움직이게
된다. 예루살렘교회도 마가의 다락방에 모여 120명의 성도가

간절히 기도할 때 성령이 임했고, 그로 인해 믿는 자의 수가 기하급수적으로 늘어났다. 스데반의 순교 이후 흩어진 성도들은 안디옥과 구브로, 베니게 등지로 퍼져 나가면서 복음을 전했고, 그 결과 교회는 전 세계로 확산되었다.

우리 교회 역시 교회의 사명을 감당하기 위해서는 먼저 성령 충만한 교회가 되어야 했다. 그래서 전 성도가 기도에 힘써 하나님의 영으로 충만한 은혜로운 교회가 되도록 힘썼다. 특히 교회의 가장 중요한 사명인 예배가 은혜롭게 드려지기 위해 많은 노력을 기울였다. 나는 예배에 성령이 역사하지 않으면 예배는 단순한 행사가 되고 만다고 믿었기에, 주일 예배를 위한 기도에 특별히 힘썼다. 토요일 오후 2시부터 교역자 한 분과 10여 명의 성도가 중보 기도실에 모여 2~3시간 동안 예배를 위해 기도하였고, 나 또한 개인 기도실에서 1시간가량 주일 설교와 예배를 위해 간절히 기도하며 말씀 위에 성령의 역사가 임하도록 간구하였다.

두 번째 기능인 교육 부문에서는 유능한 교역자들이 참여하여 어린이들과 중고등부 학생들을 사랑과 기도로 섬기도록 했다. 우리 교회는 생활 형편이 넉넉한 성도들이 많지 않았기 때문에, 해외 유학을 가지 않아도 영어를 자유롭게 사용할 수 있도록 교육 시스템을 마련했다. 영어 원어민 교역자를 초청해 초등학교 5학년부터 중학교 3학년까지의 학생들이 영어로 예배하고 성경 공부하며 놀이를 통해 자연스럽게 영어를 익히도록 했다. 이 부서를 '비전스쿨'(Vision School)이라 이름 붙이고, 토요일과 주일마다 영어로 예배와 활동을 진행하였다.

영어 교역자는 캐나다 연합 교단(UCC)의 목회자 교환 프로그램(Exchange Program)을 통해 파송된 분들로, 신앙과 실력을 겸비한 분들이었다. 또한 여름과 겨울 방학에는 필리핀의 '나눔선교센터'로 학생들을 보내 현지의 영어 교사들과 함께 생활하며 예배, 성경 공부, 놀이를 모두 영어로 진행하도록 했다. 그 결과 학생들은 마치 해외 유학을 다녀온 듯 영어 실력을 키우면서도 신앙적으로 견고히 성장할 수 있었다.

청장년부를 위한 제자 훈련은 우리 교회가 자체적으로 교재를 편찬해 진행했다. 네비게이토(Navigators) 교재와 여러 교회의 검증된 제자 훈련 교재를 참고하여 1, 2, 3단계를 구성하고, 4단계에서는 우리 교단의 신앙고백서, 사회지침서, 교육지침서, 선교정책 등을 토대로 개인 구원과 사회 구원을 함께 아우르는 통전적 신앙인으로 성장하도록 지도했다. 그리하여 성도들이 세상 속에서 신앙인으로서 책임감을 갖고 살아가도록 도왔다.

다음으로 선교 부문에서는 전 성도가 선교 헌금에 참여하도록 하여, 교회가 세계 선교에 직접 나설 수 있도록 했다. 이를 위해 '사단법인 나눔선교회'를 설립하고, 국내외 교회를 개척하며 개척 교역자와 해외 선교사를 지원하는 체제를 마련했다. 그 결과 국내에 15개의 교회를, 해외에 4개의 교회를 개척하는 열매를 거두었다. 또한 필리핀 안티폴로(Antipolo)에 160평 규모의 나눔비전센터를 건립하여 학생 32명이 숙식하며 예배와 교육을 받을 수 있도록 하였다. 이곳에서 비전스쿨 학생들이 영어로 예배하고 성경을 공부하며 생활하도록 함으로써 영어 회화 능력과 신앙을 함께 성장시킬 수 있었다.

이어서 사회봉사 부문에서는 지역사회를 섬기기 위해 구청의 위탁을 받아 복지관을 운영하였다. 특히 강서구 내 서민 아파트가 밀집한 가양동의 가양5종합사회복지관을 수탁 운영하며, 재정적 지원뿐 아니라 성도들이 조를 이루어 정기적으로 봉사에 참여하도록 하였다.

이렇게 교회의 기능인 예배, 교육, 선교, 봉사 그리고 친교를 체계적으로 시스템화함으로써 교회가 유기적으로 살아 움직이는 공동체가 되도록 힘썼다. 또한 성도들 간에 서로 사랑하고 격려하며 "모이면 기쁘고 흩어지면 다시 만나고 싶은 교회"가 되도록 끊임없이 노력하였다.

그러나 인간이 모인 공동체이기에 완전할 수는 없었고, 부족한 점도 많았다. 그럼에도 나는 내가 세운 이 체계가 교회의 장기적인 목회 시스템으로 자리 잡기를 바랐으며, 후임 목회자가 이 사역을 잘 이어가 주기를 간절히 기도하며 퇴임의 발걸음을 옮겼다.

협력을 아끼지 않던 장로의 조기 은퇴

우리 교회 장로 중 성도들의 깊은 존경을 받던 조재윤 장로는 교회의 발전을 위해 큰 헌신을 한 분이었다. 어느 날 그가 저녁 식사를 함께하자고 하여 한 레스토랑에서 식사하던 중 조심스럽게 말을 꺼냈다.

"목사님, 교회를 섬기는 동안 참 행복했습니다. 이제 후배 장로들이 많이 세워졌으니, 저도 안심하고 물러날 때가 된 것 같습니다."

그의 말에 나는 적잖이 놀랐다. 당시 그의 나이는 우리 나이로 65세였고, 만으로는 아직 정년이 되지 않았기 때문이다. 그는 인품이 원만하고 신앙적으로도 깊은 분이었다. 단순히 예수를 믿고 평안을 얻는 신앙에 머무르지 않고 사랑과 정의, 평화를 이 땅에 실현하려는 성숙한 신앙의 소유자였다. 그러나 그렇다고 해서 목회자에게 무조건 순종만 하는 분은 아니었다.

하루는 조 장로가 목양실로 찾아와 "목사님께 한 가지 권면을 드리고 싶은데, 섭섭하게 듣지 말고 받아 주시기 바랍니다" 하며 조심스럽게 말을 꺼냈다. 그 내용은 다름 아닌 내가 어머니를 모시는 일에 관한 것이었다. 나는 4형제 중 둘째로, 큰형님이 고향에서 어머니를 모시고 계셨다. 형님은 성품이 온화하고 어머니를 극진히 섬기는 분이었으나, 형수님이 관절염으로 거동이 불편해지시면서 어머니를 모시기가 점점 힘들어졌다. 결국 어머니는 서울로 올라오셔서 우리 집에서 함께 지내시게 되었다. 아내는 워낙 온순하고 효성이 지극하여 어머니를 정성껏 모셨고, 어머니 또한 그런 아내를 무척 사랑하셨다. 어머니는 직선적인 성격이었지만, 우리 아내에게만큼은 늘 따뜻하고 살가우셨다. 나는 그런 모습을 보며 감사한 마음뿐이었다.

그런데 조 장로가 내게 말씀하시기를, "목사님, 아무리 교회 일과 교계 일이 바쁘시더라도, 어머니께 아침 인사도 드리고 식사도 함께하시며 아들로서의 도리를 다하셔야 하지 않겠습니까?" 하시는 것이었다. 나중에 알고 보니 어머니께서 문병 온 권사님들에게 "요즘 아들이 바빠 나를 자주 못 본다"고 하신 말을 권사님들이 조 장로에게 전해 준 것이었다.

조 장로는 원래 효심이 깊은 분이었다. 모친이 상경하셨을 때 지극한 정성으로 모시는 모습을 본 적이 있었다. 그런 분이었기에 나에게 그 말씀을 전한 것이었다. 나는 그 말씀을 들으며 하나님 앞에 서는 심정으로 마음을 낮추고 "장로님, 제 부족함을 깨닫게 해 주셔서 감사합니다"라고 진심으로 고백했다.

그날 이후 나는 매일 어머니의 방을 청소하고 아침저녁으로 식사를 떠드리며 더 정성을 다해 모셨다. 그렇게 1년 남짓 모시던 중 어머니께서는 평안히 하나님의 부르심을 받으셨다.

만약 그때 조 장로의 충고가 없었다면, 나는 어머니의 마음에 한을 남긴 불효자가 되었을 것이다. 지금도 그때의 일을 생각하면 조 장로에게 감사한 마음뿐이다.

그처럼 인품과 신앙이 성숙한 분이기에, 나와 함께 동역하며 큰 힘이 되어 주었다. 그런데 그분이 교회 일에서 손을 떼고 싶다 하시니 내 마음은 무거웠다. "이제는 후배들에게 맡기고, 주일 1부 예배만 드리고 때로는 다른 교회에도 가서 예배드리고 싶습니다. 또 오랜만에 골프도 즐기며 쉼을 갖고 싶습니다"라고 하셨다.

그는 오랜 세월 선임 장로로서 교회의 대소사를 감당해 왔고, 주일 낮 예배, 오후 예배, 수요 예배, 심야 기도회 등 모든 예배에 빠짐없이 참석했던 분이었다. 그 말이 충분히 이해가 되었지만, 나는 여전히 아쉬운 마음을 감출 수 없었다. 그러나 끝내 그의 뜻을 받아들이기로 하고 당회에 보고하였다.

그런데 그다음 순서로 있던 김영근 장로가 "저도 조 장로님과 함께 은퇴하겠습니다"라고 말하는 것이 아닌가. 이유를 묻자 "조 장로님 같은 훌륭한 분의 뒤를 이어 선임 장로가 될 자신이 없습니 다"라고 했다. 나는 그에게 "만 65세까지만이라도 함께해 주십시 오"라고 간곡히 권했지만, 끝내 뜻을 굽히지 않아 두 분이 함께 퇴임식을 하게 되었다.

그 이후로 우리 교회에는 장로의 정년이 70세이지만 만 65세에 은퇴하는 아름다운 전통이 생겼다. 다만 60세 이후에 임직한 분들은 70세까지 시무할 수 있도록 하여, 원칙과 배려가 조화를 이루는 전통으로 자리 잡았다.

사택이 준비되지 않은 교회들

나는 평생 동안 세 교회를 거치며 목회를 해 왔다. 첫 번째는 군목 가기 전, 강원도 화천 38 이북에 있는 구만리교회였다. 교인 수는 10여 명밖에 되지 않았지만, 작은 사택이 있어 그곳에서 지낼 수 있었다.

그 후 군목 생활을 마치고 총회 사무처에서 잠시 근무하다가 경기도 도농교회로 부임했다. 오랜 전통을 가진 교회였지만 환경이 열악하여, 목사 사택은 교회에 딸린 방 한 칸과 부엌뿐이었다. 군종 장교로 전역했기에 경제적 여유가 없었지만, 관리집사가 거주하도록 하고, 우리는 작은 전셋집을 스스로 얻어 입주했다.

전임 목사 때는 목사가 늘 직접 교회를 청소했었지만, 내가 부임한 후에는 관리집사가 생겼다. 청소년들은 자연스럽게 우리 집으로 모여들었고, 우리 집은 교회의 봉사와 모임의 중심지가 되면서, 성도들의 참여가 활발해지는 현상이 나타났다. 아내는 매일 점심과 저녁을 준비하며 소박한 밥상 공동체를 이루었고, 교회는 눈에 띄게 부흥되기 시작했다. 중고등학생과 청년들이 모여 기도하고 전도에 힘쓰면서, 교회 전체에 생기와 활력이 돌았다.

부임 당시 청장년 50여 명 모였던 교회는 5~6개월 만에 80~90명으로 늘었고, 100명을 달성하는 것을 목표로 전 교인이 함께 기도하였다. 그러나 50명에서 100명으로 성장하는 것은 생각보다 훨씬 어려웠다. 결국 100명을 달성한 것은 부임 후 10개월이 되어서였다. 우리 부부와 성도들은 기쁨을 나누었고, 그 이후에는 인원이 줄지 않고 꾸준히 발전했다. 이 모든 것이 인간의 힘이 아닌, 전능하신 하나님의 역사임을 실감했다. 사람들은 교인 수 증가를 목회자의 수단과 방법 때문이라고 평가절하하기도 하지만, 내 경험으로 이는 성령의 역사였다.

그 후 교회 근처에 신축 주택이 분양된다는 소식을 듣고, 우리가 가진 보증금과 약간의 융자를 더해 신축 주택을 구입하고 입주했다. 이 주택은 현재 다산신도시 지역이 되었지만, 당시에는 서울 변두리에 단 하나의 집을 가지게 된 셈이니 놀라운 일이었다. 물론 이 집은 강남교회로 부임한 뒤 처분하고, 서울에 작은 아파트 전세를 마련하였다.

우리는 사택이 없는 교회에 부임했기에 자가 주택을 마련하였지만, 후임 목사가 편하게 거할 사택도 생각하여 작은 연립 주택한 세대를 마련하기도 했다. 도농교회를 떠날 당시, 청장년 성도는 240여 명, 청소년 50여 명, 중고등부 200여 명, 어린이부 150여 명으로 경기노회의 중견교회로 성장했고, 목사관까지 마련되어 다행스러운 마음이었다.

1979년 5월 첫 주일에 강남교회에 부임했을 때, 이 교회 역시 사택이 준비되지 못해 전세 자금을 헌금으로 마련하고 있었다. 나는 늘 사택이 준비되지 않은 교회만 부임해 왔기에, 사택이 갖춰진 교회에서 목회한 것은 강원도 구만리교회밖에 없었다. 강남교회에서는 전세 계약이 1년 단위였기에 거의 매년 이사를 해야 했고, 그때마다 아내가 짐을 싸는 수고를 감당해야 했다. 목사로서 부족함을 느끼며 아내에게 미안한 마음을 금할 길이 없었다.

강남교회는 이후 부교역자들이 거할 사택까지 마련했지만, 그때까지 이사할 때마다 아내가 감당해야 했던 고생은 이루 말할 수 없을 정도였다. 사택이 준비되지 않은 교회에 부임하는 것은 목사뿐 아니라 사모에게도 큰 부담이 되는 일이었다.

한 여신도가 혈액암으로 수술해야 하는데
비용이 없었다

우리 성도 가운데 겨우 30대 초반밖에 되지 않았지만 신도회 활동을 열심히 하는 여신도가 있었다. 그녀는 교회에서 봉사활동에도 열심이고 기도하는 자리도 빠지지 않아, 한약의 감초처럼 교회 안에서 없어서는 안 될 사람으로 자리 잡아갔다. 그녀는 아들 둘이 있었는데, 교회에서 봉사하는 일이 있으면 이 아이들을 데리고 꼭 참여하였다. 나는 하나님이 참 좋은 사람을 보내 주셨다고 생각하였다.

그런데 어느 날, 그 여집사가 내 사무실에 와서 자기가 몸이 하도 피곤해서 대학 병원에 가서 진찰했는데 혈액암에 걸렸다며, 수술하고 항암 치료를 하는 데 비용이 2천만 원 이상 들어가고, 그 후에 관리하는 데 비용이 많이 들어 가는데, 준비된 돈이 하나도 없어 수술할 수 없다며 흐느껴 우는 것이 아닌가. 나는

"걱정하지 말라 어떤 경우에도 하나님이 함께하실 것이다"라고 위로하고 기도해 주고 보냈지만, 얼마나 안타까운지 알 수 없었다.

나는 하나님이 함께한다고 했으면 그 함께하시는 것을 보여주어야 하지 않겠는가 생각했다. 그리고 하나님은 사람을 통해서 역사하시니 이 일을 나에게 어떻게 하도록 하실까를 생각하면서, 교회의 구제금을 떠올리고 또 그의 동료들인 젊은 여신도들에게 도울 방법을 논의해 보도록 부탁하였다. 젊은 여신도들은 모여서 이 일을 어떻게 할까 기도하면서 고민하였고, 그들은 친구를 위해서 주머니를 털고 나가서 주일날 성도들 앞에서 모금함을 들고 원하는 사람들에게 참여하도록 하였다.

놀라운 것은 교회의 구제금과 친구들의 협력과 성도들의 모금함을 다 털어 모두가 노력했더니, 그분이 수술을 다 하고 후에 항암 치료를 한 다음 깨끗하게 혈액암을 털고 일어나게 된 것이다. 그 후 그녀는 교회의 모든 일에 나서게 되었고, 전처럼 건강하게 봉사에 참여하는 사람이 되었다. 성도들은 그녀를 볼 때마다 하나님의 손길에 감사하고, 경제적인 능력이 없어 쓰러지고 자빠지는 형제의 손을 잡아 주는 교회와 성도들의 동거하는 것이 어찌 이리 아름다울 수 있는가 하면서 하나님을 찬양하게 되었다.

우리 교회 성도들은 "이런 것이 바로 교회다"라고 말하는 성도들을 볼 때마다 하나님께 영광을 돌리게 되었다. 그녀는 언제나 과거처럼 봉사하는 자리에 빠지지 않았고 기도의 자리에도 참여해, 보는 사람들로 하여금 사랑이 넘치는 우리 교회의 산증인이자 자랑스러운 여신도로 자리매김하는 보물이 되었다. 이런 보물 같은 성도들이 우리 교회에 가득 차기를 하나님께 기도하였다.

그런데 교회가 있던 자리에서 약 2km쯤 떨어진 거리로 (現) 교회당을 건축하고 이전하게 되었다. 이때 전 교우가 함께 가기를 광고했는데, 대지를 갑절로 더 매입하고 교회당을 크게 건축하고 가게 되니, 혹시 건축 헌금을 못한 사람이 함께 가기 미안하게 생각할까 해서, 물질이 있는 분들은 최선을 다해 건축 헌금에 참여하고 없는 분들은 기도로만 참여해도 감사하다고 여러 차례 전하였다. 나는 정말로 그렇게 생각한다. 우리의 기도는 그렇게 귀한 것이고, 거기에 하나님의 손길이 함께하면 기적을 생산하기도 하기 때문이다.

교회 이전을 앞두고 준비하고 있을 때, 그 여집사가 내 사무실에 찾아온 것이 아닌가. 그녀는 나에게 고급 와이셔츠와 넥타이를 내놓으면서 그동안 감사했다며 자기는 교회를 따라가지 않고 그냥 이 교회를 다니겠다는 것이다. 내가 그녀에게 간곡하게 우리와 같이 가자고 호소하였으나, 그녀는 같이 갈 수가 없다고 단호하게 말하였다. 나는 얼마나 마음이 아픈지 내 마음을 진정시킬 수가 없었다.

그렇게 사랑을 주고 감싸안았건만 우리와 헤어지겠다니, 나는 마음이 허탈해서 그녀가 가져온 선물을 받을 수가 없어 끝까지 사양했다. 어찌 그럴 수가 있을까 했지만, 아마 그녀는 우리 교회의 사랑을 너무 많이 받아 거기서 자유를 얻기 위한 것이 아닐까 생각되었다.

그녀가 함께 오지 못했지만, 나는 그녀가 하던 대로 밝고 행복하게 신앙생활을 하며 우리 성도들이 자기를 섬긴 것처럼 이웃을 섬기는 생활을 하는 성숙한 사람이 되기를 기도한다.

한 여인의 유혹

　　우리 교회 앞에는 반듯한 집에서 사는, 비교적 잘사는 가정의 여신도가 있었다. 그러나 그녀는 시어머니와 관계가 매우 좋지 않아 큰소리가 밖에서도 들릴 정도였다. 그럼에도 불구하고 그녀는 모든 예배에 빠지지 않고 참석했으며, 새벽 기도회와 철야 기도회까지 성실히 참여했다. 예배 시간마다 훌쩍이며 울었고, 예배 후에도 한참 동안 눈물을 흘리다가 조심스레 교회를 나가곤 했다.

　　어느 날 그녀는 내게 와서 자신의 신세를 한탄했다. 시어머니의 난폭한 성격과 잦은 잔소리가 매일같이 자신을 괴롭히고 있으며 시간이 갈수록 그 빈도와 강도가 심해진다고 했다. 문제는 시어머니만이 아니었다. 남편 역시 그녀를 제대로 돌보지 않고 시어머니 편을 들어, 때로는 함께 갈등에 참여하기까지 한다고 했다.

　　그녀의 집안이 늘 불안정하였기에, 늘 불안한 모습으로 다니는 그녀가 안쓰럽기까지 했다. 한번은 시어머니에게 맞아 맨발로 도망쳐 교회로 온 적도 있었다. 그녀가 교회를 다니자 시어머니는 교회를 싫어했고, 내가 지나가며 인사해도 외면하기 일쑤였다. 나는 교회의 이웃 어른이었기에 인사를 드렸지만, 그분이 싫어하는 자부가 다니는 교회의 목사를 좋아할 리는 없었다.

어느 날, 그녀는 강남으로 이사를 가게 되어 교회를 떠나게 되었다며 죄송하다는 인사를 하러 왔다. 나는 그녀에게 "그곳에서 시어머니를 잘 모시라. 집사님이 잘 모시면 어머니도 달라질 것이다"라고 권면하며, 행복을 기원하고 함께 기도한 뒤 헤어졌다. 그녀가 강남으로 이사해 잘 살고 온 집안이 신앙의 가정이 되기를 기도하며 보내주었다. 이후 몇 년간 그녀에 대한 소식을 들을 수 없었다.

몇 년 후, 그녀가 밝은 얼굴로 과일 바구니를 들고 찾아왔다. 나는 아내와 함께 그녀를 반갑게 맞이하며 그간의 이야기를 듣게 되었다. 강남으로 이사 후 내가 권면한 대로 시어머니를 잘 모셔서 몇 년간 평온하게 지냈지만, 문제는 남편이었다. 남편이 다른 여자에게 마음을 빼앗기고 새살림을 차려 결국 이혼할 수밖에 없었다고 했다. 우리 내외는 이혼 후 찾아온 그녀를 반갑게 맞이하며 위로해 주었다.

그날 저녁을 준비하기 위해 아내가 시장을 보러 나가자, 그녀는 나에게 가까이 다가와 비밀스러운 말을 하려는 듯 뚫어지게 바라보며 밀착해 왔다. 나는 처음 겪는 상황에 순간 당황했지만, 말로 훈계하거나 설득하기보다 자리를 피하는 것이 최선이라 판단되었다. 나는 급히 집을 빠져 나와 옆 어린이 놀이터로 나가 아내를 기다렸다. 얼마 후 아내와 함께 돌아오니 그녀는 이미 집을 떠난 상태였다. 아마도 스스로 체면을 잃었다고 생각한 듯 사라진 것이다.

그녀가 이혼 후 신앙적으로 의지하던 옛 목사를 찾아왔을 때 발생한 일이었다. 그녀의 행동은 욕정에서 비롯된 것으로 보였지만, 나는 그녀가 그렇게 절망 속에서 갈팡질팡하며 행동했음을 이해하려 했다. 한편으로는 그녀가 나를 그렇게 만만하게 보았다는 사실에 괘씸함을 느끼기도 했지만, 무엇보다 불쌍한 영혼임을 생각하며 앞으로 하나님의 사람으로 올바른 길을 걸어가기를 기도할 뿐이다.

전주로 이사를 하고도
우리 교회에 출석한 한 가정

우리 교회에는 수십 년을 함께한 성도들이 많이 있다. 서울에는 얼마나 많은 교회가 있는가. 설교로 유명한 목사와 이름난 교회가 얼마나 많은가. 그런데도 우리 교회를 찾아오는 성도들을 볼 때마다 나는 그분들께 얼마나 감사하고 미안한지 모른다. 그 감사함에 절로 머리를 숙이게 된다. 나는 나 자신을 잘 알기 때문이다. 특별한 가문 출신도 아니고, 뛰어난 두뇌를 가진 것도 아니며, 높은 학위를 가진 것도 아니다. 실력 있는 설교를 하는 것도 아니고, 성령 충만한 설교를 한다고 할 수도 없다. 그럼에도 불구하고 우리 교회에 오시는 성도들에게 감사할 수밖에 없다.

우리 성도들 가운데 나 같은 부족한 목사를 귀하게 여기고 사랑하며 존중해 주시는 분들이 계신다. 그중 한 권사님은 내가 부임한 직후 우리 교회에 나오기 시작하셨다. 남편을 일찍 여의고 아들과 딸을 정성껏 키우며 헌신적으로 살아오셨으나, 아들이 군 복무 중 사고로 세상을 떠나면서 가슴에 깊은 상처를 안고 계셨다. 남은 딸만을 아끼며 살아가시던 중 의지할 곳 없는 상황에서 우리 교회로 나오시게 되었다.

처음 교회에 나오셨을 때, 아마 50세 정도였지만, 아들을 잃은 슬픔과 가슴앓이 때문에 몸이 허약하고 조금만 일해도 쉽게 피곤해 하셨다. 당시 딸은 이화여대 1학년이었고, 모녀는 함께 열심히 교회에 참석하였다. 지금 권사님은 97세를 넘기셨고, 딸은 이미 60대 초반이 되어 교회 권사로 섬기고 있다. 그 노권사님의 두 손녀 중 한 명은 네덜란드에서 박사학위를 받고 직장생활을 하고 있으며, 다른 딸은 영국에서 석사를 마치고 영국 국영기업에서 근무하고 있다. 권사님 가정은 교회에 나오신 이후 늘 감사함 속에서 살아오셨다.

20여 년 전, 사위가 한미은행 전주지점장으로 발령을 받아 가정이 전주로 이사하면서, 더 이상 교회에 나오기 어려울 것이라고 생각했다. 그러나 권사님은 먼 전주에서도 거의 매주 우리 교회에 나오셔서 주일을 지키셨다. 당시 KTX도 없던 시절이었음에도 한 주도 빠지지 않고 참석하셨다. 사위 김 집사 역시 온순하고 협조적이어서 장모님이 서울 교회에서 주일을 지키는 데 전혀 제약을 두지 않았다.

권사님은 버스도 오래 탈 수 없을 정도로 쇠약하셨지만, 교회

십자가가 멀리 보이면 힘이 솟았다고 한다. 우리 교회의 십자가는 그녀에게 보혈 주사와 같고 보약과 같아 힘을 주었다고 한다. 그러나 예배 후 전주로 돌아가면 이틀가량은 앓으면서 쉬셔야 했다.

나는 설교 중 권사님을 볼 때마다 늘 황송하고 감사한 마음으로 하나님께 간구했다.

"하나님, 저분에게 은혜를 부어 주셔서 새 힘을 얻고, 독수리처럼 날아오르게 하소서."

권사님은 매주 설교를 통해 큰 은혜를 받았다고 하시며 늘 나를 격려해 주셨다. 그에게 우리 교회는 먼 바벨론에서 예루살렘을 바라보던 이스라엘 백성처럼 큰 힘과 하나님의 은혜를 받는 장소였을 것이다.

그렇게 연약하시던 권사님이 지금 97세가 되도록 건강하신 것을 보면, 하나님의 특별한 은혜가 분명히 임한 것임을 알 수 있다. 권사님은 여전히 정신이 맑고, 거동도 가능하며, 지금까지도 나를 주의 종으로 생각하며 기도해 주신다. 나는 권사님이 건강하시어 100세를 넘기도록 오래 사시면서 계속 이 나라와 민족을 위해 기도해 주시기를 간절히 바랄 뿐이다.

Chapter 7

한국교회, 섬김의 낙수

같은 노회에서 목회에 훌륭한 동지들을
만나게 되었다

　1979년 5월, 강남교회에 부임했을 때 우리 교회는 서울노회에 속해 있었다. 그때는 서울에 노회가 서울노회 하나밖에 없을 때였다. 그러나 몇 년 후인 1981년 말, 서울노회가 한강 이북은 서울노회, 이남은 서울남노회로 분립되면서, 우리 교회는 서울남노회에 소속되었다. 우리 노회에는 교단에서도 큰 교회들인 가리봉교회, 한신교회, 남성교회, 영신교회, 동광교회, 발음교회, 강남교회 등이 속해 있었는데, 교세 면에서 단연 큰 노회였다.

　이곳에서 나는 좋은 선배 목회자들을 만나 교분을 나누며 목회 정보를 교환하고 인간적인 신뢰 관계를 쌓으면서 행복한 목회를 할 수 있었다. 그 가운데 가리봉교회의 한상면 목사님, 동광교회의 김인호 목사님, 한신교회의 이중표 목사님, 신학교 시절 룸메이트였던 박찬섭 목사님, 이렇게 네 분은 목회의 동지로서 만나면 반갑고 헤어지면 그리운 분들이었다. 그러나 네 분 모두 하늘나라로 먼저 가셔서 얼마나 외로운지 모른다. 만약 지금 이분들이 살아 계신다면 우리의 노후가 얼마나 즐겁고 행복하겠는 가 생각하면 회한이 남는다.

나보다 한상면 목사님은 16세, 김인호 목사님은 15세, 이중표 목사님은 7세, 박찬섭 목사님은 5세 많으셨다. 이분들과 가까이 지내면서 모두 어른으로 모시며 흉허물 없이 지냈던 기억이 지금 도 환상처럼 남아 있다. 한상면 목사님이 가리봉교회를 맡으셨을 때는 아주 작은 교회였는데, 교회가 있는 가리봉 지역이 구로공단 으로 개발되면서 인구가 급증하고 젊은이들이 몰려들자 실향민들 이 모여 대교회를 이루게 되었다. 한 목사님이 대교회를 이루신 것은 단순히 지역의 공단화 때문만은 아니었다. 폭이 넓고 인품이 훌륭하며 기도에 충실하고 성령 충만하셨기 때문에 가능한 일이었 다. 한 목사님이 2003년도에 하늘나라로 가셨을 때, 당시 내가 총회장이어서 가리봉교회에서 열리는 장례식을 집례했는데, 슬 픔을 참을 수 없었다. 앞으로 한국교회에 이런 폭이 넓고 인품이 훌륭한 목회자들이 많이 나오기를 기도한다.

김인호 목사님은 신사동교회에서 목회하셨는데, 강남 개발 붐과 함께 큰 성장을 이루어 그 지역의 광림교회나 소망교회보다 도 왕성하게 일어나게 되었다. 장년 출석이 1,000명을 넘자 그는 우리 교단에 신사동교회처럼 더 큰 교회가 필요하다고 판단하고 동광교회를 개척하였다. 김 목사님은 심성이 착하고 인정이 많으며 기도에 힘써 성령 충만한 보기 드문 목사님이었다. 그와 함께 사역한 분들은 "교인들이 목양실에서 목사님을 만나고 나오면 얼굴이 달덩이처럼 밝아졌다"라고 말할 성노로, 그의 성도를 향한 사랑이 눈에 나타나고 말로 표현되어 감격을 주었다. 그는 나에게 형제와 같은 분이었으며, 임종 때 아들과 담임목사에게 "나의 장례는 전병금 목사가 집례하도록 하라"는 유언을 남길 정도로 가까운 분이었다.

이중표 목사님은 전북 고부의 작은 교회에 있을 때 당시 옥구교회가 분쟁으로 공석이 되어 나의 추천으로 부임하여, 7년 동안 시골에서 150여 명의 교회를 600여 명이 넘는 교회를 이룬 큰 사역을 이루셨다. 이후 서울에 오셔서 한신교회를 개척해 대교회를 이루고, "별세 목회를 부르짖으며" 한국교회에 큰 영향을 끼쳤다. 그의 순수함과 겸손함, 성실성, 조국과 민족을 향한 애국심은 만나는 사람들에게 감동을 주었다. 나는 이 목사님과 한 주에 두세 번씩 전화로 나라와 교단을 걱정하며 기도했다. 그는 안타깝게도 68세의 젊은 나이에 세상을 떠나셨다.

마지막으로 박찬섭 목사님도 몇 달 전에 세상을 떠나셨다. 박 목사님은 신학교 시절 룸메이트였고, 그때부터 성실하게 공부하며 주의 진실한 종이 되기 위해 부단히 기도하고 성서에 매달린 모범적인 목회자였다. 그는 나에게 형이자 친구처럼 60여 년 가까운 세월 동안 지내며 목회의 동지로 함께했다. 광주의 민주화 요람 같은 교회를 중심 교회로 일으키고, 성북교회와 우리 교단 모교회 성남교회에서 사역한 뒤, 케냐에서 10여 년간 선교사로 섬기고 은퇴하셨다. 거의 매일 전화를 주고받으며 소식을 나누다가 홀연히 우리 곁을 떠나셨다. 그의 장례식에서 말씀을 전하라는 연락을 받았으나, 온양교회 목사 취임식 설교 약속 때문에 가지 못하고 입관 예배에 참여하여 마지막 작별을 나누었다.

이렇게 가까이 지내며 목회의 동지로 교분을 나눴던 금쪽같은 주의 종들…. 나는 하나님께 기도할 수밖에 없다.

"하나님, 이런 종들이 다시 이 땅에 일어나, 한국교회가 르네상스의 시대를 다시 맞이하게 하소서."

우리 교단의 갱신과 성장을 위하여

　기독교 신앙에는 개인의 영성과 사회적 영성이라는 두 가지 측면이 있다. 이는 누구나 인정하는 사실이다. 그러나 대부분의 한국교회는 개인적인 영성에만 치중하여 교회가 개인 구원 중심의 신앙으로 성장해 왔다. 그 결과 한때는 1,200만 명이 넘는 성도를 가진 세계적으로 유례없는 부흥을 이루게 되었으니, 이는 분명 하나님의 크신 은혜요 감사한 축복이라 할 것이다.

　1970년대 이후 산업화와 도시화의 물결 속에서 교회의 개척과 성장은 눈부셨다. 한국교회는 국내 최대의 종교 세력으로 부상하며 사회적 영향력까지 갖게 되었다. 그러나 양적 성장에 비해 신앙의 깊이는 여전히 개인적 차원에 머물러 있었고, 사회 발전을 이끌어 내는 내적 에너지가 부족했다.

　이로 인해 교회는 "믿음으로만 의롭게 된다"는 루터의 종교개혁 정신을 오해하여 '행함이 없는 믿음'의 신앙에 머무는 위기를

맞게 되었다. 이신칭의의 교리가 오히려 교회의 무기력함을 드러
내며 사회와 동떨어진 집단이라는 비판을 받게 된 것이다.

교회가 개인적 영성을 강조하면서도 사회적 책임을 외면할
때, 그 신앙은 "행함이 없는 믿음은 죽은 믿음이라"(약 2:17)는
말씀처럼 생명력을 잃는다. 참된 믿음은 반드시 행함을 동반해야
하며, 그 행함은 사회 속에서 정의와 사랑을 실천하는 모습으로
나타나야 한다.

기독교 신앙은 개인의 구원에서 멈추지 않고, 예언자적 전통을
이어 정의가 강물처럼 흐르고 불의에 시달리는 이웃이 해방되는
세상을 만들어야 한다. 바로 그럴 때, 하나님의 나라는 이 땅
위에서 확장될 것이다.

이러한 관점에서 우리 교단은 개인적 영성과 사회적 영성,
두 가지 축을 균형 있게 세우는 목회를 추구해야 한다. 그러나
때로 우리는 사회적 책임을 지나치게 강조한 나머지, 개인의 신앙
성숙을 소홀히 여긴다는 비판을 받기도 한다.

신앙인은 먼저 주님과의 인격적 관계 속에서 깊이 뿌리내려야
한다. 그럴 때만이 세상 속에서 선한 영향력을 발휘하며 진정한
사회적 영성을 드러낼 수 있다.

이러한 문제의식 속에서 우리 교단의 몇몇 목회자가 개인적
영성과 사회적 영성을 겸비한 전인적 신앙을 모색하고자 뜻을
모았다. 나는 기장신학연구소 소장 김원배 목사를 비롯하여 송암

교회의 박승화 목사, 양무리교회의 최부옥 목사, 원주 영강교회의 서재일 목사, 군산 성광교회의 양태윤 목사, 진해중앙교회의 주용진 목사 등과 함께 '기장 21세기 목회자협의회'를 조직하였다.

온양제일관광호텔에서 열린 첫 모임의 주제 강사는 사랑의교회 옥한흠 목사였다. 그는 제자 훈련에 대한 열정적 강의를 통해 우리 모두에게 큰 감동을 주었고, 이후 자신이 속한 교단에서도 교회 갱신 운동을 일으켜 한국기독교목회자협의회 설립으로 이어졌다. 이로써 한국교회 전체가 갱신과 연합 그리고 섬김의 길로 나아가는 계기가 마련되었다.

우리 교단의 21세기 목회자협의회는 한국교회가 개인적 영성과 사회적 영성을 조화롭게 갖추어 하나님 나라 운동에 헌신하도록 이끄는 것을 목표로 세워졌다. 우리는 교단의 갱신뿐 아니라, 한국교회의 변화를 추동하기 위해 함께 기도하며 나아갔다.

참된 교회의 갱신은 외형의 성장에 있지 않다. 신앙인의 내면이 하나님과 깊이 연결되고, 그 믿음이 세상 속에서 사랑과 정의로 나타날 때, 비로소 교회는 살아 있는 공동체가 된다. 교회가 개인적 영성과 사회적 영성을 함께 품은 '전인적 신앙 공동체'로 세워질 때, 이 땅 그리스도의 빛이 온 세상 속에서 더욱 찬란히 비추게 될 것이다.

한신대 신학생
전액 장학금 운동에 나서다

2022년 1월 말경, 한신대학교 강성영 총장이 나를 만나기 위해 영종도에 찾아왔다. 우리는 인근 식당에서 점심을 함께하며 담소를 나누었다. 강 총장은 우리 교단의 선배이자 증경총회장인 강만원 목사의 차남으로, 독일에서 학위를 마친 뒤 한신대 교수로 재직하다가 총장으로 선출된 지 몇 달 되지 않은 시점이었다.

그가 유학 시절 WCC 장학금을 신청할 때, 내가 교단 총회 교육부장으로서 여러 반대를 무릅쓰고 추천을 주도했던 인연이 있었다. 그러나 나는 그 이야기를 군이 꺼내지 않았다. 식사 자리에서 강 총장은 한국교회의 교세가 급속히 줄어들며 신학교 지원자가 현저히 감소하고 있다고 우려했다. 신학대학원뿐 아니라 학부 인원도 미달되는 사태가 속출하고, 앞으로 교역자 수급에도 어려움이 예상된다는 것이다. 이를 해결하기 위해 교단 관계자들과 머리를 맞대는 가운데 신학생들이 등록금 걱정 없이 공부할 수 있도록 '전액 장학금 운동'을 전개하기로 했다고 하며, 이 일에 함께해 달라고 부탁했다.

나는 그 뜻에는 전적으로 공감했으나 이미 은퇴한 입장이었기에, 현역 목회자들이 앞장서야 한다며 정중히 사양했다. 나이도 많고 건강도 예전 같지 않아 활발히 움직이기 어려운 형편이기도 했다. 그러나 강 총장은 여러 교단 인사들과 상의한 끝에 "이 일은 꼭 목사님이 맡아 주셔야 한다"고 간청했다. 나는 즉시 대답하지 못하고 이후 한 달간 하나님께 간절히 기도하며 이 문제를 놓고 씨름했다.

기도하는 중에 나의 모교 한신대학교가 처한 현실과 교단의 미래를 생각하니 '이 위기 앞에서 침묵만 할 수는 없지 않겠는가' 하는 마음이 들었다. 그래서 혹시 강 총장이 다시 요청해 오면 받아들이기로 하고, 대신 몇 가지 조건을 마음속에 정리했다. 한 달 후, 강 총장의 요청으로 지구촌구호개발 종로 사무실에서 만나 내 조건을 제시했다.

우수한 교수진 확보 — 내가 한신에서 공부하던 1960년대의 교수진은 국내외에서 손꼽히는 명망 있는 학자들이었다. 그처럼 인품과 학문을 겸비한 교수진을 확보하고, 정실 인사를 배제해 국내외의 우수 인재를 초빙해야 한다.

멘토링 제도 도입 — 교수 한 사람당 신뢰받는 목회자 한 명을 연결해, 신대원생 열 명 내외를 함께 지도하며 인품과 덕성, 영성을 함께 키워야 한다.

은퇴 목회자의 활용 — 신뢰받는 65세 이상 자원 은퇴한 목회자 한 분을 선택해서 초빙교수로 임명해, 신대원을 기도와 수련의 장으로 세워야 한다.

나는 이 세 가지 조건을 수락한다면 이 일을 맡겠다고 하였다. 강 총장은 흔쾌히 동의하며 나를 '한신대 신학생 전액장학금운동 본부 대표회장'으로 추대했다. 또한 권역별로 공동회장을 세워 서울은 육순종 목사, 경기권은 주용태 목사, 충북권은 이건희 목사, 충남권은 신언석 목사, 전북권은 장철희 목사, 광주·전남·제주권은 배태진 목사, 영남권은 김철수 장로로 위촉하였고, 사무총장에는 윤찬우 목사를 임명하였다.

그때부터 운동본부는 박차를 가했다. 그 결과 2023년부터는 한신대 목사후보생인 학부 2학년부터 신학대학원생 전원에게 전액 장학금을 지급할 수 있게 되었다. 지금까지 모금된 장학금으로도 향후 몇 년간 신학생들이 학비 걱정 없이 공부할 수 있게 되었으니, 이는 전적으로 하나님의 은혜요, 강 총장의 헌신과 기도의 열매라 할 것이다. 또한 각 지역 공동 회장들의 헌신에도 깊은 감사를 드린다.

2025년 1월 16일, 이제 나는 나이도 많고 건강도 예전 같지 않아 오송 장로회관에서 열린 전국 본부장 회의에서 이 운동의 대표직을 내려놓기로 했다. 지난 3년간 최선을 나해 기반을 닦았으니 이제는 현역들이 이어가야 할 때라 생각했다. 나는 이 운동에 들어간 모든 비용을 스스로 감당하며 대학에 짐을 주지 않으려 애썼고 한 목회자로서 작은 본이 되기를 원했다.

신앙은 말씀을 전하는 것만이 아니라, 그 말씀을 삶으로 실천하는 믿음의 행위에서도 드러난다.

나는 한신대 전액 장학금 운동을 통해, 다음 세대의 목회자들이 학비의 부담 없이 하나님 나라를 위해 준비될 수 있도록 작은 씨앗 하나를 심었다고 생각한다.

이 씨앗이 자라 훗날 한국교회의 미래를 밝히는 거목이 되기를 소망한다.

하나님께서 이 모든 일을 가능하게 하셨으니, 나는 그저 감사와 영광을 주님께 돌릴 뿐이다.

효순, 미선이 사건이 주는 교훈

내가 총회장이 되었던 때는 2002년 9월이었다. 그 무렵, 효순이와 미선 양이 미군 공병여단의 장갑차에 의해 의정부 인근 갓길에서 치여 현장에서 숨지는 비극적인 사건이 발생하였다. 이 사건으로 국민적 분노가 들끓었고, 총회는 교회와사회위원회 주관으로 사고 현장에서 두 여중생을 위한 추모 예배를 드리게 되었다.

그날은 초겨울 찬 바람이 매섭게 불던 11월이었다. 그럼에도 전국 각지에서 수천 명의 성도가 모여 꽃다운 나이에 세상을 떠난 두 소녀의 죽음을 애도하며 미군 당국의 무책임한 태도에 항의하였다.

사고 현장은 경기도 양주시 광적면 효촌리 지방도로 갓길이었다. 중학교 2학년의 어린 소녀들이 미군 공병단 M60 장갑차에 치여 현장에서 숨졌다. 미군 측은 처음에는 유감을 표명했으나,

곧 "피할 수 없는 사고였다"며 과실을 부정했다. 결국 주한미군지위협정(SOFA)에 따라 미군 법정에서 재판이 열렸으나, 가해자들은 모두 무죄를 선고받았다.

나는 의정부 현장 예배에서 설교하며, 약소국 국민으로서 겪어야 하는 슬픔과 분노를 성도들과 함께 눈물로 나누었다. 그때의 통곡과 기도는 지금도 잊히지 않는다.

6.25전쟁 당시 미군을 비롯한 16개국이 피 흘려 우리를 지켜주었기에 오늘 우리가 자유를 누리고 있음을 생각하면, 미국에 대한 고마움을 잊을 수 없다. 또한 140여 년 전, 미국 선교사들이 복음을 들고 들어와 미신을 깨뜨리고 문맹을 퇴치하며 근대 문명의 길을 열어 주었던 것도 우리 민족의 발전에 큰 밑거름이 되었다.

그러나 동맹의 이름으로 체결된 주한미군지위협정은 여전히 불평등의 그림자를 드리우고 있다. 우리 영토에서 범죄를 지지른 미군이 우리 법정이 아닌 미군 법정에서 재판받는 것은 주권국가의 원칙에 맞지 않는다. 우리 땅에서 일어난 일은 우리 법에 따라 심판받는 것이 정의의 근본이다.

그날 총회는 이러한 불평등한 협정을 바로잡기 위해 항의하며, 가해자들의 재판을 한국 법정에서 진행할 것을 요구했다. 추운 겨울날 수천 명의 성도가 눈물로 거리 행진을 하며 '정의와 주권의 회복'을 외쳤다.

세월이 흘러 우리나라는 세계 10위권의 경제대국이 되었고,

군사력 또한 세계 5위 안에 드는 나라가 되었다. 그러나 아직도 작전지휘권이 외국군 사령관에게 있다는 사실은 안타까운 일이다. 진정한 주권 국가는 스스로의 힘으로 국민과 국토를 지킬 수 있어야 한다.

남북한은 같은 민족으로서 더 이상 전쟁을 반복하지 않고 평화와 협력으로 한반도의 미래를 열어가야 한다. 동맹을 의지하는 만큼, 우리 민족끼리의 화해와 상생에도 힘써야 한다.

오늘날 강대국들의 이해관계 속에서 불합리한 요구와 압박이 여전히 존재한다. 그러나 우리나라는 이제 선진국의 반열에 오른 만큼, 세계질서 속에서 정의와 이성을 세우는 책임을 져야 한다. 우리는 어떠한 강대국 앞에서도 당당히 우리의 입장을 밝히고 진리와 공의를 따라 말할 수 있는 민족이 되어야 한다.

역사는 약자의 침묵 위에 세워지는 것이 아니라, 정의를 향한 용기 있는 외침 위에 세워진다. 효순이와 미선이의 희생은 우리에게 그 교훈을 남겼다. 진정한 평화는 외세의 힘이 아니라, 스스로의 정의와 자주 위에 세워져야 한다.

통합과 합동 그리고 우리 교단의 총회장
강단 교류

내가 우리 교단의 교단장이 된 것은 2002년 9월이었다. 교단장이 된 후, 각 교단장이 모이는 회의는 이미 한국기독교목회자협의회에서 만들어졌기 때문에, 나는 그 회의가 낯설지 않았다. 우리는 이미 한국교회의 갱신과 일치를 위해 '한국기독교목회자협의회'를 창립했고, 신학대학을 가진 건전한 24개 교단의 교단장들이 모여 '교단장회의'를 구성한 바 있었다.

그 모임에 나도 교단장 자격으로 참여하게 되었고, 임원으로는 상임회장에 예장통합의 최병곤 목사, 예장합동의 한명수 목사, 감리교의 김진호 감독, 서기에 기장의 나, 회계에 대신 측의 김요셉 목사가 선임되었다. 우리는 매주 한 번씩 만나며 친분을 쌓았고, 한국교회의 일치 운동은 점점 더 활기를 띠었다.

어느 날, 합동 측의 한명수 총회장이 제안했다.

"우리 합동, 통합, 기장 ― 세 교단 총회장이 서로 강단 교류를 하며 장로교의 일치에 불을 지펴보면 어떻겠습니까?"

그 제안에 통합 측 최병곤 총회장과 나는 적극 동의했다. 이렇게 세 교단의 강단 교류가 추진되었고, 자연스럽게 우리는 더욱 가까운 형제애를 나누게 되었다. 고신 측과 대신 측의 참여가 이루어지지 못한 것은 아쉬웠지만, 우리 세 사람의 인간적인 우정과 신뢰가 그 일을 이끌어 가는 큰 동력이 되었다.

합동 측의 한명수 목사는 참으로 통이 크고 신앙과 신학의 깊이가 넓은 분이었다. 그는 한경직 목사를 중심으로 한국기독교총연합회(한기총)를 창립할 때 초대 총무를 맡았으며, 이전에는 합동 교단지인 「기독신문」의 주필로서 글을 통해 교회를 이끌던 인물이었다. 수원 창훈대교회를 개척하여 대교회로 성장시킨 목회자이기도 했다.

한명수 목사와 나는 총회장 임기 이후에도 지속적으로 교류했다. 그분이 지병이던 암이 재발해 목동 이대병원에 입원했을 때 나는 문병을 갔다. 이미 많이 쇠약했지만, 그는 내 손을 붙잡고 환히 웃으며 말했다.

"CBS 이사장님, 어서 오십시오. 정말 오랜만입니다!"

그 인사가 우리 마지막 만남이었다. 참으로 아까운 분이었다.

통합 측의 최병곤 목사 또한 인품과 지도력이 뛰어난 분이었다. 청주 동산교회에서 목회하시던 그는 한국교회의 일치를 위해 깊이 고민하고 늘 기도하던 주의 신실한 종이었다. 우리 셋은 만날 때마다 교회의 미래를 논의했고, 헤어질 때면 늘 아쉬움이 남았다.

한번은 한국찬송가공회에서 새 찬송가를 편찬하는 과정에서 통합 측의 공회 위원이 주장하기를, "김재준 목사의 〈어둔 밤 마음에 잠겨〉는 결코 넣어서는 안 된다"고 하면서, "이 찬송에는 하나님이나 예수님이 직접 언급되지 않는다"며 적극적으로 반대한 것이다. 이에 찬송가 선곡 작업을 더 진척할 수가 없었고, 몇 달이 흘러 위원회에서 만장일치로 통합과 기장 측 총회장이 합의로 마무리 짓기로 하고 두 교단장을 초치하게 되었다. 나는 이 소식을 듣고 '그 찬송은 하나님에 대한 신앙을 은유적으로 표현한 훌륭한 찬송이라고 생각되는데, 어찌 찬송가공회 위원이란 분이 그런 주장을 할까' 생각하였다. 결국 통합과 기장 측의 총회장인 우리가 찬송가공회 위원장과 총무를 같이 만나게 되었다.

최병곤 총회장이 먼저 입을 열었다.

"이 찬송이 얼마나 은혜로운데, 빼느니 마느니 논의합니까? 저는 이 찬송을 사랑합니다."

그의 한마디로 논쟁은 종결되었고, 찬송은 그대로 수록되었다. 나는 그때 통합 측의 최병곤 총회장의 그 통 큰 아량에 감동했고, 그분의 신앙적 식견에 존경을 금할 수 없었다.

이후 세 교단의 강단 교류는 실제로 이루어졌다. 첫 번째는 청주 동산교회에서 열렸는데, 사회는 최병곤 총회장이 맡고, 설교는 합동 측 한명수 총회장, 축사와 축도는 내가 담당했다.

두 번째는 우리 교회에서 열렸으며, 설교는 최병곤 총회장, 축사와 축도는 한명수 총회장이 맡았다. 그날은 교계 기자 수십 명이 몰려올 정도로 큰 관심을 모았다. 분열된 한국교회에 새로운 희망을 보여주는 역사적인 자리였다.

세 번째는 합동 측 창훈대교회에서 열렸다. 이번에는 내가 설교하고, 축사와 축도는 최병곤 총회장이 맡았다. 합동 측에서는 "기장 교단의 총회장이 합동 교회의 강단에서 설교한다"는 사실이 전례가 없는 일이었기에, 많은 이들이 직접 와서 예배를 지켜보았다. 그런데 놀랍게도 예배가 끝난 뒤 합동 측의 기관지인 「기독신문」의 박에스더 편집국장이 말하기를, "기장 총회장의 설교가 이렇게 은혜로울 줄 몰랐다"며, 자기들의 생각에는 "기장은 자기들과 다른 신앙인 줄로 알았는데, 우리와 같다"고 하면서 오히려 기뻐하는 것을 보았다. 그 후 「기독신문」의 박 국장은 "기장 총회장의 팬이 되겠다"고 하며 우리 교회를 직접 방문했고, 그의 NGO 활동에도 우리 교회가 함께 협력하면서 교류를 갖게 되었다.

　이 강단 교류는 세 교단의 총회장 간 우정에서 비롯된 일이었지만, 그 의미는 훨씬 더 깊었다. 한국 장로교회의 연합과 일치의 가능성을 실제로 보여준 소중한 사건이었다. 그러나 그 이후, 합동과 통합 교단에서 이런 폭넓은 시야와 포용력을 지닌 지도자들이 나타나지 못한 것은 매우 안타까운 일이다.

　나는 지금도 그때를 떠올리면 감사한 마음이 든다. 서로 다른 전통과 색깔을 가진 교단들이 한 강단에서 예배드리며 그리스도의 이름으로 하나 되는 순간, 그것이 바로 하나님 나라의 참된 모습이 아니겠는가. 진리 안에서 서로를 품을 때, 비로소 한국교회는 다시 빛을 회복할 것이다.

한국교회의 일치 운동에 나서다

1996년 11월, 한국장로교총연합회에서는 "한국교회의 일치의 가능성"이라는 주제로 심포지엄을 열었다. 장소는 한국기독교 100주년기념관 강당이었다. 이 자리에서 장로교 합동 측의 사랑의교회 옥한흠 목사, 통합 측의 덕수교회 손인웅 목사 그리고 기장 측의 내가 각각 발제자로 섰다.

우리 세 사람은 그때 처음으로 함께 자리하게 되었고, 자연스레 "본래 하나였던 장로교회가 어찌하여 이렇게 분열되었는가" 하는 안타까움을 나누게 되었다. 심포지엄이 끝난 뒤 우리는 기념관 안 식당에서 식사하며 한국교회의 갱신과 일치를 위해 힘을 모아야 한다는 뜻을 함께하게 되었다.

그 만남 이후 우리는 계속 교류하며 장로교회의 연합을 위한 논의를 이어갔다. 합동, 통합, 기장, 고신, 대신 등 다섯 교단의 갱신 운동 그룹이 하나로 모이기로 뜻을 모아 '한국장로교목회자협의회'를 창립하게 되었다. 당시 통합 측에는 '바른목회자협의회', 기장 측에는 '21세기목회자협의회', 합동 측에는 '교회갱신협의회'가 각각 활동 중이었는데, 이 세 그룹이 연대하여 사랑의교회에서 창립 예배를 드리게 되었다.

그 무렵 우리는 모두 50대 중견 목회자들이었고, 각자의 교단에서 교회의 갱신과 일치를 위해 깊은 열정을 품고 있었다. 이후 논의는 장로교 안에 머물지 않고 감리교, 성결교, 기하성, 침례교, 루터교, 성공회 등 공신력이 있는 16개 교단이 참여하는 '한국기독교목회자협의회'로 확대되었다. 이 운동의 중심에는 교계의 신뢰를 받던 옥한흠 목사가 섰고, 각 교단 대표가 그를 중심으로 연합과 섬김의 길을 모색해 나갔다.

우리의 첫 사업은 교회의 연합 기구 통합이었다. 당시 한국교회에는 한국교회를 대표하는 한국기독교교회협의회(NCCK)와 보수 진영의 한국기독교총연합회(한기총)가 각각 존재했는데, 우리는 이 두 기관을 하나로 통합하기 위해 교단장 모임을 주선하였다. 이후 교단장 모임과 NCCK 그리고 한기총의 대표들이 각각 6인씩으로 해서 18인 위원회를 구성해 통합의 로드맵까지 마련했지만, 끝내 그 결실을 맺지 못했다. 오히려 오늘날에는 보수 진영이 한기총, 한교연, 한교총 등 여러 갈래로 더 나뉘어 안타까움을 주고 있다.

비록 우리가 꿈꾸던 완전한 일치의 열매를 보지는 못했지만,

그 과정에서 중요한 성취가 있었다. 그것은 바로 진보와 보수의 벽이 허물어졌다는 것이다. 이전에는 교류조차 어려웠던 교단들이 한자리에 모여 한국교회의 갱신과 연합을 진지하게 논의할 수 있게 되었다는 점만으로도 큰 의미가 있었다.

한국기독교목회자협의회의 대표회장 옥한흠 목사에 이어 손인웅 목사, 나 그리고 합동의 김경원 목사, 고신의 이성구 목사, 성결교의 지형은 목사, 현재는 합동의 김찬곤 목사가 맡고 있다. 세대는 바뀌었지만, 그 정신은 여전히 이어지고 있다.

나는 오늘도 간절히 바란다.

분열된 교회가 하나 되어 세상을 섬기고,
진리와 사랑 안에서 민족과 역사에 빛이 되는 교회로 거듭나기를⋯.
교회의 일치는 단순한 제도적 결합이 아니라,
주님 안에서 서로를 품고 이해하려는 영적 회복의 여정임을 믿기 때문이다.

교회를 통한 하나님 나라 운동

나는 어려서부터 한국기독교장로회 소속의 시골 교회에 다녔다. 그 교회는 다른 교회와 마찬가지로 보수적인 곳이었고, 신앙생활은 예수를 믿고 정직하고 겸손하게 살며 이웃에게 선을 베풀며 착한 사람으로 사는 것이라고 했다. 그 당시 예수를 믿는 사람은 곧 좋은 사람이었고, 믿을 수 있는 사람으로 여겨졌다. 동네에서 기독교인이라는 사실만으로도 신뢰를 얻는 보증 수표와 같았다. 믿는 사람들은 거짓말을 하는 경우가 거의 없었다.

그렇게 순수한 신앙인으로서 한신대에 입학하면서, 나는 한신대의 상징과도 같은 김재준 목사님을 만나게 되었다. 김재준 목사님은 교수들과 학생들 누구나가 존경했으며, 그의 가르침은 단순히 예수를 믿고 착하게 사는 것에서 그치지 않았다. 하나님의 뜻이 성령의 감화를 통해 인간 생활 전반을 지배할 때 하나님 나라가 임하며, 그 영향력이 사회까지 퍼져 사랑과 정의, 평화가 이루어지는 세상이 되도록 해야 한다는 것이었다. 즉, 세상 전체가 하나님의 통치를 받는 나라가 되어야 한다는 것이다.

아무리 개인이 도덕적으로 훌륭하게 살아도, 악이 지배하는 사회에서는 구조화된 죄악 속에 빠져 사회악을 저지르기 쉽다. 미국 신학자 라인홀드 니부어는 그의 명저 『도덕적 인간과 비도덕적 사회』에서 이를 날카롭게 지적했다. 오늘날 정치계에서 높은 학력과 교회 장로 직분을 가진 사람들이 종종 불의한 일을 서슴없이 저지르는 모습을 볼 때, 얼마나 실망스러운지 모른다. 개인적으로는 훌륭한 사람이고 교회에서는 모범 신자이지만, 사회에서는 하나님의 정의를 실천하지 못하는 경우가 많다.

유명 목사가 대형 교회를 이루고 철저한 제자 훈련을 통해 성숙한 신자를 양성해도, 기독교인들이 사회와 국가 공동체에 나가 불의를 저지르는 경우가 있다는 점이 안타깝다. 결국 기독교 신앙은 개인과 교회에 머무르지 않고, 사회 속에서 하나님의 정의를 실현해야 한다는 것이다.

김재준 목사님이 강조한 것은 바로 이것이다. 하나님의 계시는 개인과 교회에만 머무르지 않고, 사회와 우주에까지 미친다는 것이다. 교회가 성령으로 무장하여 하나님 나라를 세상 속으로 확장시킬 때 비로소 하나님의 통치가 실현될 것이다. 한신대에서 나는 하나님 나라가 개인과 교회를 넘어 사회와 역사에까지 영향을 미쳐 정의로운 세상을 이루어야 한다는 사실을 깨닫고, 그리스도의 제자로서 자부심을 느끼며 하나님께 감사드렸다.

그러나 나의 평생 스승인 김재준 목사님으로부터 하나님의 정의를 세상에 실현하기 위해서는 성서를 올바르게 해석할 줄 알아야 한다는 것을 배웠고, 이런 짐에서 나는 성서를 보는 눈이 부족함이 뼈저리게 느끼고 계속해서 성서를 보는 눈을 열어 달라고 기도하였다. 하나님의 계시를 성경을 통해 이해하고자 간절히 기도했지만, 처음에는 잘 다가오지 않았다. 그러던 중 내가 존경하는 한 목사님께 고민을 털어놓자, 총신대 박윤선 박사의 신구약 전체 성경 주석이 큰 도움이 될 것이라는 조언을 해 주셨다.

나는 곧 교문사로 가서 박윤선의 성경 주석을 구입하고 연구하기 시작했다. 이를 통해 나는 하나님 말씀을 통하여 하나님의 계시를 이해하게 되었고, 목회의 새로운 장을 열 수 있었다. 나는 박윤선 박사의 성경 주석을 통해서 성경을 보는 눈이 열리면서 신앙은 보수적으로, 그러나 사고와 행동은 김재준 목사님에게서 배운 진보적인 눈으로 사회와 역사를 보고 행동하는 균형 잡힌 목회를 추구할 수 있게 되었다.

나는 어느 한쪽 편에 치우치지 않고 보수와 진보의 양쪽을 아우르며 목회하려 노력했고 사회와 역사에 예언자적인 사명을 체화하며 살게 되었다. 한쪽으로 치우친 기독교는 온전한 기능을 발휘하지 못하며 맛을 잃은 소금처럼 세상에 버려지게 된다고 믿으며, 한국 사회와 교회를 위해서 기도하고 있다.

타 교단의 유명 교회에서
부흥회 인도 및 강단 교류

우리나라에는 교단이 너무 많다. 특히 장로교회가 문어발식으로 분열되어 200여 교파로 나뉘어 있다 하니, 참으로 안타까운 일이다. 본래 1885년 4월 5일, 인천 앞바다를 통해 미국 장로교의 언더우드 목사와 감리교의 아펜젤러 목사가 함께 입국함으로써 우리나라에 기독교의 문이 열렸다. 그 뒤 캐나다 장로교와 호주 장로교가 더해졌지만, 한국교회는 하나의 장로교회로서 1912년 9월 2일 '조선예수교장로회 총회'로 출발하여 한국 개신교의 중심 교단이자 가장 전도가 왕성한 주류 교단으로 성장했다.

그러나 일제 말기, 일본 제국주의의 신사참배 강요로 한국교회는 큰 위기를 맞았다. 그때 주기철 목사를 비롯한 믿음의 선진들이 신앙을 지켜내어 한국교회는 흔들리지 않고 서 있을 수 있었다. 하지만 1952년 신사참배 문제로 예장 고신이, 1953년에는 성서

해석 문제로 기장이, 1959년에는 합동과 통합으로 갈라지면서 크게 네 개의 교단으로 분열되었다. 그 후에도 교회는 계속 쪼개져, 오늘의 한국 장로교는 마치 '교파의 박물관'처럼 되어버렸다.

나는 목회하는 동안 한국교회의 연합과 일치를 위해 많은 노력을 기울였다. 교단장으로 섬기던 시절, 예장 통합과 합동 그리고 우리 기장 교단의 총회장들이 강단 교류를 통해 한국 장로교회가 본래 하나임을 확인하는 시간을 가진 바 있다. 그뿐 아니라 타 교단의 상징적인 교회에서 주일 낮 예배 설교를 하거나 부흥회를 인도하며 하나의 교회를 이루려는 일치 운동에 최선을 다하였다.

2003년에는 한국교회가 가장 존경하던 옥한흠 목사가 은퇴하기 전에 사랑의교회 주일 낮 1, 2, 3부 예배 설교를 맡는 귀한 기회를 얻었다. 1998년, 옥한흠 목사는 나와 함께 한국기독교목회자협의회를 창립하며 한국교회의 갱신과 일치 그리고 섬김을 목표로 가까이 교제했던 분이었다. 그가 은퇴를 앞두고 나를 초청해 교단의 벽을 허물고자 한 것은 한국교회 일치를 향한 그의 간절한 마음의 표현이었다. 당시 그는 한국교회에서 가장 존경받는 지도자로, 여론조사에서도 '역사상 가장 존경받는 인물' 1위로 꼽혔다. 나는 그분과의 교제를 통해 그가 얼마나 폭넓고 깊은 신앙의 사람인지를 새삼 느꼈다.

2001년에는 남서울은혜교회의 홍정길 목사와 주일 낮 예배

강단 교류를 했다. 그날 그는 우리 교회에서 1, 2, 3부 예배를
인도했고, 나는 남서울은혜교회에서 같은 시간 설교를 맡았다.
홍정길 목사는 예장 합동 측에서 교회의 순수성을 지키기 위해
박윤선 박사, 김명혁 박사 등과 함께 합동신학대학원을 세운 인물
이다. 합신 측은 복음의 본질을 지키려는 순수한 교단으로 알려져
있다. 옥한흠 목사 이후, 그는 한국교회에서 가장 존경받는 목회자
중 한 사람으로 손꼽힌다. 장애인 학교인 '밀알학교'를 세워 사회적
약자와 함께하며 하나님 나라의 포용적 사랑을 실천한 그의 삶은
진정한 복음의 증거였다.

2005년에는 예장 통합의 대형 교회인 잠실교회의 원광기 목사
초청으로 한 주간 부흥사경회를 인도했다. 그는 잠실에서 개척하
여 대교회로 일군 목회자이며, 나와는 고려대학교 교우목회자협
의회를 통해 인연을 맺었다. 내가 2004년 고목회 회장을 지냈고,
그가 그 뒤를 이어 회장을 맡으면서 더욱 가까워졌다. 은퇴 후에는
강원도에서 대안학교를 세워 후진 양성에 헌신하고 있는 존경받는
분이다.

또한 우리나라 교회의 '어머니 교회'라 불리는 예장 통합 측
새문안교회의 이수영 목사 초청으로 한 주간 부흥사경회를 인도한
적이 있다. 새문안교회는 1887년 9월 27일 언더우드 목사가
세운 한국 최초의 장로교회이다. 이수영 목사는 장신대 교수 출신
으로, 개혁신학의 대가로 불릴 만큼 신학적 식견이 깊은 분이다.

새문안교회가 기장 교단 출신의 나를 부흥사로 초청한 것은 뜻밖이었으나, 선임 장로의 말에 따르면 담임목사인 이수영 목사가 추천해서 몇몇 장로가 우리 교회 예배에 참석해 설교를 들은 뒤 초청을 결정했다고 하였다.

이 교회에는 부흥회 첫날 저녁, 당회원 전원이 참석하는 '리셉션'의 전통이 있었다. 50여 명의 장로가 모여 식사하며 부흥 강사를 환영했다. 전·현직 대법관 세 분, 대학 총장 일곱 분, 서울대병원장 등 각계의 저명인사들이 교회의 일꾼으로 섬기는 모습을 보았다. 그들은 겸손하게 교회를 섬기며 새벽과 밤 예배에 빠짐없이 참석했다. 이수영 목사의 섬김의 리더십을 가까이에서 보며 나는 참으로 많은 것을 배웠다.

부흥회 당시 새문안교회는 오래된 예배당을 그대로 유지하는 것을 자랑스럽게 생각하고 있었다. 나는 설교 중에 이렇게 말했다.

"새문안교회는 한국교회의 모교회로서 한국교회 전체를 섬겨야 합니다. 그렇게 하려면 온 교회가 마음을 크게 열고 개교회만 생각하는 데서 한국교회를 품을 수 있는 교회로 거듭나야 합니다. 이제 새로운 예배당을 지어 더 많은 사역과 봉사를 감당해야 합니다."

그들은 이 부흥사경회가 끝난 직후 건축위원회를 새롭게 조직했고, 오늘날의 아름다운 예배당을 세우는 일로 이어졌다. 이수영 목사는 새 성전 봉헌 후 명예롭게 은퇴했다.

돌아보면 나같이 부족한 사람을 들어 이런 훌륭한 목회자들과 교제하게 하시고 유서 깊은 교회에서 말씀을 전하게 하신 것은 전적으로 하나님의 은혜였다. 그것은 나의 능력이 아니라, 성령의 역사였다. 하나님은 약한 자를 들어 강한 자를 부끄럽게 하시며, 낮은 자를 들어 영광을 나타내신다.

나는 이 모든 만남을 통해 깨달았다. 하나님의 일은 사람의 힘으로 이루어지는 것이 아니라, 하나님의 뜻과 섭리로 완성된다는 것을….

우리의 연합과 일치는 인간의 계획이 아니라, 오직 성령의 인도하심 속에서 이루어진다. 그러므로 나는 오늘도 이렇게 고백한다.

"주님, 약한 저를 통해 당신의 교회를 하나 되게 하시니 감사합니다. 앞으로도 교단과 교파를 넘어 오직 복음 안에서 하나 되는 길을 걷게 하소서."

목사는 주의 종으로서
공적인 의식을 가져야 한다

기장 제110회 총회가 2025년 9월 23일부터 25일까지 홍천 소노벨 비발디파크에서 열렸다. 나는 제87회 총회장으로서 총회에 참석하여 후배들이 교단을 이끌어 가는 모습을 참관했다. 내가 총회장을 맡았던 때로부터 벌써 23년이 흘렀고, 총대들 가운데 아는 이들보다 모르는 이들이 더 많아 어딘가 낯설기도 했다. 그러나 오랜만에 증경총회장들과 목사, 장로들을 만나 반갑게 인사를 나누며 교제할 수 있어 감사했다.

총회 둘째 날 점심에는 내가 소속된 서울남노회의 총대들이 함께 식사를 하자고 하여 동석하였다. 그 자리에는 증경총회장 박원근 목사와 유정성 목사가 있었고, 내 앞에는 노회장 홍길태 목사가, 오른쪽에는 신학생 시절 우리 교회 중등부 총무로 섬겼던 엄강용 목사가 앉아 있었다. 엄 목사와는 만난 지 10여 년이 되었는데, 내가 정년 은퇴 후 노회에 거의 참석하지 않았기 때문에 대부분의 목회자, 장로들과 오랜만에 재회하게 된 셈이었다.

내가 노회에 자주 참석하지 않은 이유는 현역 시절 어느 정도 영향력을 행사했던 내가 물러남으로써 후배들이 자율적으로 노회를 이끌 수 있도록 배려하고자 한 마음 때문이었다. 그러나 오랜만에 만난 노회원들과의 자리는 참으로 반가웠다. 특히 엄 목사는 신학을 마치고 우리 노회에서 개척교회를 세워 어려운 환경 속에서도 꿋꿋이 사역해 온 목회자였다. 그는 온유한 성품에 정의감이 강한 사람이었고, 나는 그를 돕지 못한 미안함을 늘 품고 있었기에, 그날 대화를 나누며 반가움과 감사함이 교차했다.

이야기 중에 엄 목사는 우리 노회 후배들이 나에 대해 전하는 말을 들려주었다. 후배들이 두 가지 점에서 나를 칭찬한다는 것이었다.

첫째로 노회가 시행하던 신학재연수위원회에서 매년 재연수하는 목회자들에게 상당한 액수를 지원해서 해외에 목사 내외가 나가도록 도왔는데, 거기에 큰 교회에서 개척교회까지 다 혜택을 입었는데, 나만이 지원금을 받지 않았다는 것이다.

나는 안식년이 되었는데 교회 형편이 어려워 할 수 없는 목사를 지원하는 제도라고 생각하고 그들을 지원하는 것이 마땅하다고 보았다. 내가 정년 은퇴를 앞둔 어느 날, 우리 노회의 담당위원장이 나를 그 지원 대상자로 선정했다고 알려왔으나, "그 혜택은 안식년을 감당할 여력이 없는 교회의 목회자들이 받아야 한다"고 말하며 정중히 사양했다. 그리고 그 일을 잊고 있었다.

그런데 후배들이 원칙을 철저히 지키면서도 결코 자랑하지 않은 내 태도를 높이 평가한다는 말을 들었을 때, 나는 그지 부끄럽고 감사할 뿐이었다. 목회자는 눈앞의 작은 이익 때문에 원칙을 흔들거나 사적인 이익을 추구해서는 안 된다. 언제나 공적인 명분과 원칙을 따라 행동하며 하나님의 뜻과 교회의 유익을 먼저 생각해야 한다. 그것이 목회자의 기본 의식이라 믿는다.

둘째로 후배들이 언급한 것은 우리 노회의 1991년도 노회장을 지낸 다음부터 10여 년 동안 개척전도위원장을 연임했던 일이었다.

그 기간 동안 나는 개척교회를 세우고 그 목회자들을 지속적으로 지원하는 일을 사명으로 여겼다. 당시 다른 위원회는 교통비나 식비를 노회 경비로 충당했지만, 우리 개척전도위원회는 모두 자립 교회의 목사와 장로들이 참여했기에, 교통비를 받지 않도록 한 바 있었다. 식사비는 우리 교회에서 부담했고, 개척교역자 위로회도 우리 교회에서 감당하였으며, 개척 지원금은 노회 개척전도위원회 재정으로 사용하도록 하였다.

그때 엄 목사가 말하기를, "그때부터 개척교회의 목회자의 총회연금부담금(교회 부담과 목사 부담 전체)을 위원회에서 전액 지원해 주도록 했기 때문에 우리가 은퇴해도 이제 생활할 수 있게 되었다"고 하였다. 지금은 개인 부담금을 스스로 내지만, 그 당시 전액을 지원받았던 일을 잊지 않고 감사하다고 말하는 것이다.
나는 그것이 특별한 일이라기보다 당연한 일이라 여긴다. 성경에
도 "곡식 밟아 떠는 소의 입에 망을 씌우지 말라"(신 25:4) 하지
않았는가. 개척 목회자들이 생계를 걱정하지 않고 사역에 전념할
수 있도록 돕는 것이 당연한 일이라 믿고 섬겼을 뿐이다.

오늘날 교회 생태계가 점점 어려워지고 신뢰가 약화된 시대에
후배들에게 더 좋은 환경을 물려주지 못한 것이 선배로서 늘
마음이 무겁다. 그러나 후배들이 나의 작은 실천 속에서도 공적
신앙의 태도를 보고 감사했다는 말을 들으니 오히려 내가 감사할
따름이다.

목사는 주의 종으로서 언제나 공적 책임과 의식을 가져야
한다. 교회의 유익, 공동체의 유익을 위해 개인의 권리나 이익을
내려놓을 수 있어야 하며, 그것이 곧 하나님의 나라를 세우는
길이다.

작은 유익에 흔들리지 않고, 원칙을 지키며,
교회와 세상을 밝히는 등불이 되는 것….
그것이 주의 종의 참된 사명이며,
나의 평생 목회의 중심이었다.